U0145415

諮商

和你想的

心理諮商

完全攻略

不一樣

王釋逸
陳怡靜
林德真
黃毓萍
吳祖揚 ／著

推薦序一

諮商之旅自他兩利的第一步

閱讀這本精彩動人的集體創作，一則則的故事，彷彿看到在諮商中心門口的各式各樣大學生活脫脫地現前，或駐足徘徊，或猶豫困惑，或好奇期待，或擔憂被貼上「標籤」，或不情不願被「介紹」而來。如何讓大學生了解「心理諮商」，相信是很多同業費力經營的課題。

翻開書來，相信你會和我一樣「哇！這就是了」。從如何接觸的前置作業、進到諮商歷程、遇到的議題因應與處理、對助人專業的具體提點等等，正是對要在大學行銷心理諮商工作的「救心」，這本書定能讓大學生「靠近一點，再靠近一點」諮商中心。

本書從諮商進行曲的縱貫架構中，橫跨常見的大學生生命發展議題敘事，譜成澎湃的樂章，值得每一位大學生細細閱讀，你可能會心一笑，可能豁然開朗，可能更加了解他人而伸出援手，也可能更理解自己如何能從諮商中獲益。

這本對於諮商旅程中的兩方而言，心理師更清晰服務大學生的諮商樣貌而「上手」，大學生當事人更能了解心理諮商帶給生

活和生命上的改變及利益而「下手」，豈不樂哉！我與有榮焉能推薦這本在大學校園人人一讀的好書。

吳錦鳳

嶺東科技大學諮商中心主任

推薦序二

在一般人心目中,心理諮商是迷人而神秘的專業。心理師負責解讀當事人的心理,而當事人,永遠都無從得知坐在你面前的那個人,心中在盤算什麼,以及如何盤算。也由於神秘,許多校園中的學生,即便心中有困擾,也不願踏入一個未知的園地,尋求專業輔導。

筆者與本書的作者群,相識多年。不僅是師生,後來也在大學諮商中心一起工作,我們彼此從心理諮商專業的分享與提攜中,得到很大的快樂。

從諮商心理師發照以來,我們都有一個共同的心願,就是解構心理師與病人間的權力關係,讓治療及諮商,變成是當事人可以發聲甚至是自我定奪的一個過程。而,第一步,就是要老老實實告訴大眾,諮商到底是什麼,心理師會如何對待你,以及合乎專業標準的對待方式有哪些。

這本書,是很好的起步。作者用淺顯易懂的文字,對準校園中的大學生,以案例的方式,說明諮商中心、心理師、諮商過程是怎麼回事,讓心理諮商的相關知識,變成求助者與提供服務者所共同擁有的財產;專業的權力,於此有了解放與流動的可能。

期盼許多大學生能因為此書,走進學校的輔導中心。讓你的故事,溫暖並成就更多心理師的專業生命。

郭麗安

國立彰化師範大學婚姻與家族治療研究所教授

推薦序三

　　日前在校園的一次會議之後，某位導師聊到：班上一位學生有情緒困擾，導師很關心地和他聊完後，想轉介到諮商輔導中心，但學生婉拒。主要原因是他不瞭解諮商，以及擔心同學對於他去接受諮商的看法。

　　這幾年來透過校園諮商輔導工作者的努力宣導與推動，不論學生或老師，對於諮商輔導的觀念已日趨正向積極，但上述情形仍時有所聞。因此，校園諮商輔導工作者除致力於三級預防輔導工作之推動外，另一項必需持續努力的任務就是：如何讓他人瞭解我們到底在做什麼，並且願意就自己的需求前來善用各項資源。除此之外，即便已進入諮商之當事人，也常因不清楚諮商為何，而使得諮商師和當事人花許多時間在結構化、澄清…，才終能「各司其職」地使諮商得以進行。所以，如何行銷諮商概念，使供需之間能搭上線，一直是諮商輔導工作能否發揮最大效益的關鍵之一！

　　在收到王釋逸主任以及他所帶領的團隊所撰寫的「諮商和你想的不一樣－心理諮商完全攻略」時，既驚喜又敬佩，驚喜的是本書深入淺出地將諮商的概念清楚傳遞，透過綜合改寫過之案例讓讀者更能貼近與理解問題之核心，甚至可能心中暗想這情況和

我好像喔！同時提供諮商師的專業觀點及專業知識概念，可使讀者有更多元而正確的角度來解讀諮商這件事。敬佩的是在忙碌繁重的諮商行政和實務工作推動之餘，釋逸主任能集合諮商中心同仁之力量，將累積多年的可貴實務經驗經過淬煉，和大眾分享，其對諮商工作的熱情、使命感和行動力，足為楷模！

　　本書的出版對校園諮商輔導工作之推動實為十分寶貴的資源，因此，非常期待能有更多人透過此書認識諮商、瞭解諮商、善用諮商，共同建構心理健康的友善校園！

陳斐娟

國立雲林科技大學諮商輔導中心主任

中區大專校院輔導工作協調諮詢中心召集人

推薦序四

根據我在上課時的調查，大約有五分之一的學生在有心理困擾時，會想到要找輔導老師談談，而大約六、七成的學生，則會想找人聊聊。另外，在我們這所有諮商輔導科系的大學裡，大約有百分之八左右的大學生，會到學校的諮商中心求助，這些求助的學生有超過三分之一是諮商輔導科系的學生。

這一連串的數字告訴我們什麼呢？首先，大多數的大學生常用與人談話的方式來處理自己的心理困擾，部份的學生會想到使用心理諮商服務，然而使用頻率最高的是那些懂得心理諮商的學生。可見，對於諮商輔導的認識會增進對於這項服務的使用率。

這是本透過介紹諮商輔導的方式，鼓勵大家使用心理諮商服務，並達到最好效益的書。它是由王釋逸主任帶領的諮商心理師團隊，集結他們實務經驗所撰寫的諮商入門的書。裡面有大學生常見的心理困擾，讀者閱讀後會知道，原來學校的輔導老師或諮商心理師（以下通稱助人工作者）是可以協助他們處理這些常見的困擾的。書裡面還回答了許多一般學生在進入諮商輔導前會有的疑問，讀過後，會對諮商輔導有更多的認識，並且增加求助學校助人工作者的動力。

　　這本書也提供諮商輔導的型式和文化，這些知識在教你如何由諮商輔導獲得最好的效益。例如：一般而言，每次諮商是五十分鐘，在這個時間裡，你要和助人工作者面對面地坦誠溝通，讓他／她知道你的情況，接著根據你給的資訊，和他／她討論因應和處理。這個過程除了獲得被理解及關注的支持之外，調整改變自己或外在環境的動力也是必要的。知道這些事情後，你在前去接受諮商時，就會做好準備，要能和剛開始不太熟的人做溝通、揭露自己，到後來能真誠地討論想要或必要做改變、準備好動力及能量去做調整。

　　當然，一個好的助人專業服務應該要能符合所有的習慣和文化，所以你恰巧不愛和不熟的人談自己的事情、要分享自己的隱私很不習慣、相信自己所遇到的困擾不是自己要做改變的、或對於改變的動力及希望不高的，在看過這本書後，你可能會擔心諮商輔導是否適合你。這時，至少你知道自己若去接受諮商，可能會感受到的不習慣，當真的決定去試試看諮商輔導能否對你有幫助時，就會有心理準備。要嘛，1）稍微忍受一下自己的不習慣，慢慢去體會用不同方式做事情的效果。要嘛，2）讓助人工作者知道你的習慣，希望他／她能調整諮商輔導的架構（甚至時間長度）及進行的方式。最好的是，上述兩件事情你都做！這樣你諮商的效果會更容易彰顯出來。

　　諮商輔導已經存在學校系統數十年，我們當然樂見它的使用

率及使用效能可以再增加。增加使用率指的不是希望學生有更多心理困擾，而是要做到當學生有心理困擾時，學校的諮商中心或輔導室能被想到，並適時地被使用。很高興看到王主任和他的團隊能夠出版這本書，來增加大家對諮商輔導的認識。

鄧志平

國立彰化師範大學輔導與諮商學系助理教授

前國立彰化師範大學學生心理諮商與輔導中心主任

序言

　　歷時一年多終於把這本書生出來了！

　　回想當初因為一個機緣而與五南圖書出版公司有了聯繫，在與陳副總編輯的想法激盪下，有了這本書的構想。但真的要出一本「諮商」書，到底要定位在何種風格，我們可是再三討論；回首這幾年在大學諮商工作的經驗，如何能讓學生認識諮商、進而願意使用諮商資源，似乎是最重要的事。於是，我們想要出一本讓大學生能夠瞭解諮商工作的書，更希望讓他們讀來輕鬆不費力，更貪心想透過這本書讓有意願進入大學工作的新手心理師有實務經驗上的參考，也算是盡一份諮商工作者的義務，當然，還能有機會幫自己圓一個當作家的夢，也是一件令人興奮的事！

　　決定出書之後，夥伴們利用工作之餘，安排時間開會討論撰寫的方向與內容，剛開始寫初稿時，總得花許多的時間醞釀文思，寫字像刻字一樣慢，尤其在諮商與行政工作之餘，要挪出時間，讓自己的心情沉澱下來撰寫，的確不易。然而在夥伴們彼此的支持與督促之下，一點一滴、逐步累積，終於讓這本書的內容逐漸成形了。

　　感謝五南圖書出版公司的編輯群與學校的學生們對內容提供

的疑問與建議，讓我們得以不斷修正，讓內容更為細緻，也讓回答更貼近讀者的需求。在一次又一次討論的過程中，我們秉持實務工作沒有絕對答案的立場，每個問題的背後有更多可能的答案或衍生的問題，然而，這些內容是累積我們過去實務工作經驗的呈現與整理。

　　初試啼聲的這本著作，是一本諮商的入門書，故事的舖陳以及聽聽心理師怎麼說都以淺顯易懂的方式呈現，希望讓對諮商感到好奇的讀者或對諮商工作有興趣的助人工作者便於閱讀，也期待更多大眾對於「諮商」有所認識，進而也能自助助人。

前言 —— 這本書怎麼用？

您在大學生活中有遇到困擾嗎？

您正在為情所困嗎？

您周遭的朋友總是只有一位嗎？

您知道自己怎麼會這樣嗎？

那麼，大學生，您曾經諮商過嗎？

其實，

您可以來諮商，

或是，

閱讀這本書。

心理諮商這個用詞，隨著媒體、報章雜誌、書籍等管道的出現，讓更多人開始對於心理諮商產生一些好奇，甚至想開始去瞭解什麼是心理諮商。

蘇湖是大學一年級的學生，有一天，媽媽因為蘇湖在校有些狀況而來到學校的大門口，當場劈頭就問警衛：

「啊請問那個輔導室在哪裡？」蘇湖媽擔心孩子而心急如焚地問。

「嗯，輔導室喔？」警衛聽到單位名稱有些疑惑。

「就是那個輔導……輔導什麼……」蘇湖媽一時也搞不清楚單位名稱。

「你是說輔導組喔？」警衛也在困擾輔導室和諮商中心是不是一樣。

「啊對啦，就是那個心理輔導室啊，啊我也不知道啦，反正我就是要找輔導老師問問題啦。」蘇湖媽心情更焦急。

「喔！找輔導老師喔，在……」

其實不只是蘇湖媽搞不清楚諮商輔導單位的名稱，很多人也不例外。因為目前在臺灣各個學校所提供諮商輔導的單位名稱都不太一樣，通常學校會依其校務發展方向與性質而定輔導單位的名稱，有些稱為諮商輔導中心、學生諮商中心，有些則稱為心理輔導組、諮商與潛能發展中心與諮商輔導組等等，性質都很相似，但名稱卻都不同。

各校的諮商中心人員編制與專業也不同，其中可能包括諮商心理師、臨床心理師、社工師等專業人員。本書的作者群都是專門輔導大學生的諮商心理師，主要是透過諮商輔導的方式協助大學生的心理調適功能，所以為避免讀者閱讀上的混淆，書中提及之輔導專業人員皆統稱為「心理師」，而提及校內輔導單位時，皆稱為「諮商輔導中心」（以下簡稱「諮商中心」），以增加閱

讀之流暢性。

　　其實在臺灣，大學生若想瞭解諮商的管道，除了電視媒體與可以自由發言的網路外，大概就是閱讀書籍與報章雜誌，但是市面上看到的心理諮商相關書籍總是厚厚一本，常常是看了第一章的何謂諮商就出現有看沒有懂的現象，要不就是因專有名詞太多而出現鬼打牆的窘境。本書希望用淺顯易懂的文句讓讀者能夠輕易地靠近諮商，同時也讓大學生因為熟悉而願意靠近諮商中心，並使用諮商中心的資源。

　　其實在現今臺灣大學生的眼中，接受心理諮商與以前大不相同，以前看到學生在諮商中心門口顯得畏畏縮縮、小心翼翼，彷彿深怕他人知道自己要進諮商中心接受心理輔導。而現在很多學生接起手機告訴對方自己有預約心理師，準備要談自己最近的問題，顯得大方許多，這不但反映了現在大學生已經在社會文化及媒體的影響下生活，同時也反映大學生開始對於心理諮商有些不同的看法出現。

　　然而，在這一知半解的過程中，有接受過諮商輔導的學生開始逐漸瞭解諮商進行的方式，而其他的大學生對於諮商卻仍抱持著只聽過心理諮商但不瞭解如何開始或如何進行的疑惑。這樣的疑惑讓大學生有時候想要進入諮商中心找心理師聊聊，但是又不知道如何開始，常常對於諮商因為未知而感到焦慮，甚至不敢行動。

現在您眼前的這一本書將為我們開啓心理諮商的神祕之門，讓我們可以不需要再透過自己的猜測假想，就可以輕鬆地瞭解心理諮商是如何進行的。它就像是一本入門指導手冊，告訴你大學諮商是怎麼一回事，如何開始？怎麼進行？或是什麼時候結束等等，讓您更有勇氣進入諮商中心尋求專業的協助。

身為大學生的您，在諮商之前得先看一下這本書，對於大學生諮商的種種疑問，在本書中都可以找到答案或線索。例如：

「諮商中心的心理師跟一般的老師有什麼不一樣的地方？」
「同時跟幾個心理師談的話，效果是不是更好？」
「要諮商幾次才會好？」
「我要有什麼問題才可以找心理師諮商？」
「來諮商中心比較好？還是去醫院？」
「我來諮商中心諮商，會被人知道嗎？」
「我很感謝心理師，但要如何的傳達呢？」
「我媽可以來和學校心理師諮商嗎？」

這些疑問，將透過本書中的大學生故事來引領我們進入大學生諮商的領域中，其中每篇都包含著「大學生的故事」、「聽聽心理師怎麼說」，以及「諮商小補帖」等三部分。

【大學生的故事】

　　心理師要將問題分類不難,但放在書中閱讀起來很複雜,所以與其將學生會遇到的問題分類,不如直接將諮商中所遇到的案例做引導,本書呈現的故事是經由諮商心理師綜合並改編常見的大學生故事,彙整了大學生內心真正的想法,呈現在讀者面前,這些故事讀起來並不陌生,是屬於大學生們的真實故事,也是與您生活息息相關的故事。

【聽聽心理師怎麼說】

　　在接案的過程中,常常聽到大學生問心理師的想法,也想要請心理師評評理或給一些建議,其實一般專業的心理師在諮商時是不太會直接給建議的。而在本書中的短篇故事結束時,作者對於這些故事會從心理師的角度描述如何看待這些大學生的困擾,也適時的提供方向與建議;然而,大學生都是很有能量的,也許看過書中建議後會發現自己也可以調適的很好,不需要進一步諮商或就醫,而這也是作者們的另一種期待。

諮商小補帖

　　個案帶著自己的困擾來到諮商室,希望將自己的困擾影響程度降低,也就是讓自己可以好過一些。個別心理諮商是心理師與個案兩個人待在一個隱蔽舒適的物理空間裡面,由心理

師陪伴個案談談所遇到的困境，透過討論和整理的過程讓個案沉澱，重新思考自己所遇到的問題。當然，如果您對於諮商還有一些興趣，每篇後面會出現一些「小補帖」，其功能是給閱讀者額外的收穫，從其中更加瞭解諮商中的專業知識。透過書中的【諮商小補帖】，讓諮商不再那麼神祕與陌生。

綜上所述，本書是一本以大學生諮商為主的書籍，也是大學生必定要閱讀的書籍；它同時也是一本學校專兼任輔導老師、學校工作人員值得參考的工具書，更是一本助人工作者值得瞭解的書籍。

目　錄

推薦序一

推薦序二

推薦序三

推薦序四

（推薦序按姓氏筆劃排序）

序　言

前　言－這本書怎麼用？

第一章　第一次接觸 —— 淺談諮商篇 ··· 001

第二章　揭開神祕的面紗 —— 諮商架構篇 ······································ 027

第三章　打開話匣子 —— 主題內容篇 ··· 043

第四章　與心理師共舞 —— 進行方式篇 ··· 057

第五章　噓～不能說的祕密 —— 諮商中的保密與例外篇 ··········· 077

第六章　看不到的距離 —— 諮商界限篇 ··· 091

第七章　心靈加油站 —— 資源整合篇 ··· 109

第八章　混亂後的重建 —— 諮商成效篇 ··· 125

第九章　其實，一樣都是人 —— 談對心理師的好奇篇 ·············· 141

後　記 ·· 159

參考資料 ··· 161

附錄一　諮商輔導協助單位參考資訊 ……………………………………163

附錄二　心理師法 ……………………………………………………………167

附錄三　臺灣輔導與諮商學會諮商專業倫理守則 …………………………183

附錄四　知後同意書範例 ……………………………………………………207

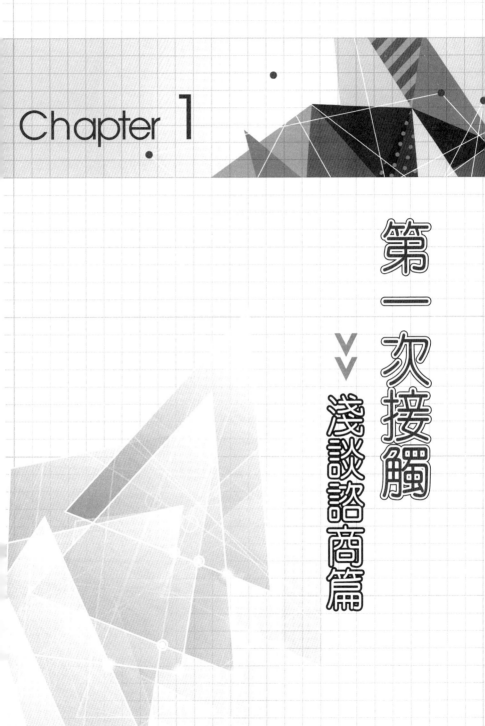

Chapter 1

第一次接觸

>> 淺談諮商篇

故事一

　　郝奇是大一的新生，對於可以離開家到大學開展新生活，處處都充滿著新鮮感，新生訓練時，拉著同學在校園趴趴走，社團博覽會的時候，更是一個攤位一個攤位的逛，想知道大學的社團跟高中到底有什麼不一樣。郝奇在逛社團攤位時，發現有一個「諮商志工」的攤位，當時並沒有覺得有什麼不同，認為跟高中時參加的一些服務性社團應沒有什麼兩樣，所以並沒有特別放在心上。

　　有一天，郝奇在趕著上課的途中，發現學校有一個單位，掛著「諮商中心」的招牌，從外面看過去，整個布置相當的溫暖，跟一般的辦公室感覺很不一樣。郝奇心中有一點好奇，這個「諮商中心」跟高中時的「輔導室」是一樣的地方嗎？可是高中的輔導室負責升學的輔導，舉凡推甄資料準備、面試技巧訓練，都是找輔導室的老師幫忙，但是郝奇心想我已經上了大學，難道大學的老師還要幫我準備推甄研究所的資料？還是訓練我進入職場的準備呢？郝奇只是在心中閃過這些疑問，並沒有想要多去瞭解。

　　爾後每週郝奇要上課時，都會經過「諮商中心」的門口，發現似乎有不少的同學會進出這個地方，細心的郝奇還發覺到每個進出這裡的人，有的人會開心的談笑著、有的人表情有點嚴肅，甚至有些人感覺很不安，這些人的反應都是郝奇認為進

出學校的各式辦公室不太會看到的反應，郝奇心中的疑問愈來愈多，**這到底是怎樣的地方，這裡的人都在辦理什麼業務？這些同學到底為什麼會走進去？進去之後可以得到什麼？**

　　郝奇開始注意起「諮商中心」四周的海報，似乎漸漸有一點明白，這個單位應該是在辦理一些跟心理有關的活動吧！什麼「自我肯定訓練」、「大學生愛情關係小團體」，郝奇對自己的發現很滿意，想說自己心理健康的很，這個地方應該跟自己無關，於是就沒有再那麼在意了。

　　有一天，班級活動課時間，郝奇的導師邀請一位諮商中心的老師到班上演講，郝奇聽著那位老師的演講內容，發現有點深得我心的感覺，也開始覺得大學四年應該好好的運用，不然會有點白費。演講結束前，那位老師介紹了「諮商中心」，郝奇才想到，這個曾經好奇的地方好像還有很多寶藏可以挖，更何況，老師給人的感覺挺親切的，既然老師都那麼努力的邀請大家去諮商中心走走，剛好老師有介紹一個活動，不如就來報名參加，至少還有一個便當可以吃呢！

　　活動當天，郝奇準時的來到諮商中心，踏進了這個一直覺得跟自己無關的地方，透過一整天的小團體活動，郝奇發現這地方其實挺不錯的，還有什麼諮商志工，說不定也可以加入看看，至少來到這裡沒什麼壓力，又可以學東西，郝奇在心中告訴自己，有時間要常來走動走動……。

【聽聽心理師怎麼說】

郝奇，感覺你真的像是一個好奇寶寶一樣，對四周的環境充滿了興趣，也很有勇氣去挑戰所有未知的一切。另外，你還有敏銳的觀察力，可以發現每位進出諮商中心的同學有不同的表情變化，這些都是在你身上很寶貴的特質，如果你有機會探索自己，深入的瞭解自己，相信可以帶領你開拓很不一樣的人生喔！

你所注意到的「諮商中心」，是個怎樣的單位呢？讓我來告訴你：「諮商中心」在大學裡是一個不可或缺的單位，主要的工作是在照護全校師生的心理健康，希望每一個人都可以更開心的生活著。你說，是不是一個很重要，也很特別的地方呢？我想你一定又會好奇了，你的心理健康要如何被守護呢？讓我接著告訴你，諮商中心裡一般設置有專業的心理師，這些心理師可都是通過國家高等考試，取得專業證照的人員，他們主要的工作除了專業心理諮商外，就是跟其他的行政同仁們一起合作辦理一些心理健康的宣導活動，透過辦理各種活動，讓師生們更加的認識「諮商中心」，像你參加的小團體工作坊就是其中一項，希望可以讓更多像你一樣，對「諮商中心」充滿好奇，卻又不怎麼理解「諮商中心」在做什麼的師生們，有機會認識「諮商中心」，進而願意接觸「諮商中心」，使用「諮商中心」的各項資源。

其實，「諮商中心」辦理各種活動主要的目的，是想要讓更多的師生可以學習到照顧自己的方法，因為在生活中，我們有時會遇到各種不同的困難，需要我們很努力的去克服，所以學習一些因應困境的方法，可以幫助我們順利的往前進。但是，有時候困難太大了，也許只靠自己一個人的力量很難走過。郝奇，你曾經歷過這樣的時刻嗎？例如：你心愛的家人可能因為意外而離開、好朋友跟你大吵一架後不理你讓你很難過、跟媽媽之間感覺無法被她理解……，如果你都沒有經歷過，你真是一個幸運的孩子！但有一些人一直在跟自己的生命奮鬥著，有時候只靠自己一個人的力量很辛苦，這時候就可以到「諮商中心」，讓中心的心理師陪你走過這一段人生的低潮，你知道嗎？可以面對自己的困境，是一件多麼勇敢的事情！也許你曾經聽過同學說，去「諮商中心」的人都是有問題的人，就像高中的輔導室，也常常是犯錯的同學被帶去「輔導」的地方，造成有些人對輔導的誤解；但現在你應該明白了，願意跟心理師分享自己困境的人，是一個多麼勇敢的人呢！郝奇，你應該也是一個勇敢的孩子，既然有這樣的緣分認識了「諮商中心」，也希望你可以幫忙讓周圍更多的同學認識「諮商中心」，帶領他們得到需要的幫助。

故事二

　　筱卉跟學長從上個週末開始不聯絡了。在同學面前，筱卉跟學長一直都只是學長跟學妹的關係，學長對每一個人都很好，遇到考試會主動分享考古題給班上同學；看到身心障礙同學會主動的幫忙入座或寫筆記；看到同學失戀也都會講笑話給對方聽，逗對方開心；有時候找不到人吃宵夜，學長一定奉陪；有一次生理期來，學長還主動送暖呼呼的紅豆湯到宿舍來。

　　因為學長的體貼和關心，筱卉跟學長的關係愈來愈近，幾乎只要學長有空就會打電話給筱卉，要筱卉陪他聊聊或一起吃宵夜。有一次，學長要到外地參加球賽而約筱卉一起順道旅遊過夜，過程中也隱微的透露出想跟筱卉發生性行為。在飯店裡燈光美、氣氛佳的催化之下，筱卉就情不自禁與學長發生關係了！

　　隔天筱卉醒來，問學長兩人之間是什麼關係，學長只說：「就是學長跟學妹啊！」而且轉身就離開。之後任由筱卉再怎麼約吃宵夜，學長就冷漠的說沒空，但是在同學面前，學長還是一樣是好同學、好學長，筱卉內心很憤怒，認為學長是雙面人，很想把學長的假面具摘下來，但是又很留戀學長對自己的好，每天不由自主的會去看學長的 facebook 狀態，看見學長跟其他女生很開心的樣子就覺得生氣；看見學長落寞時，心裡雖然小得意，但又很想要去陪陪學長。然而在現實生活中，筱卉

跟學長幾乎就像是陌生人！

　　筱卉想起大一時，系週會有介紹學校諮商中心，可以找裡面的心理師一對一個別的聊聊天，但是要去面對陌生的老師，筱卉好焦慮，心想：**要怎麼開口講自己隱私的事情？每每跟朋友講到這件事情就忍不住會一直掉眼淚，有時候還會大崩潰，如果晤談的時候也大哭，老師會不會覺得我很愛哭？連話都講不清楚？而且明明學長不承認我是他的女朋友，我還自己送上門，老師會不會覺得我很隨便，是個很糟糕的女生，不懂得保護自己而單獨跟男生出去過夜？如果跟我晤談的是男老師怎麼辦？他會怎麼看我這樣的女生？而且如果真的去諮商中心，會不會被貼標籤？有病、很遜的人才會去諮商中心？被別人看見怎麼辦？還有老師會不會跟爸媽說？我不希望他們擔心。而且跟老師講完會比較好嗎？我看別人分手也不一定會去諮商中心，是不是不去其實也會好，事情總會過去的……**面對未知，筱卉內心感到好多的焦慮、擔心跟猶豫。

【聽聽心理師怎麼說】

　　筱卉，我想你的焦慮跟擔心是很正常的。要把心裡很脆弱的事情跟一個陌生人說，是一件令人感到焦慮的事情！但是，筱卉，請你相信諮商中心每一個心理師都是經過專業訓練，對於你在諮商過程中所說的內容都會保密，除非有自傷／傷人或

違反部分法律（如：性侵害或家庭暴力事件），心理師才有通報責任，否則心理師是不會將晤談過程透露給第三者知道，所以我們也不會主動聯繫你的父母、導師、同學或任何人。（可參閱**第五章「噓～不能說的祕密──諮商中的保密與例外篇」**有更多的說明）

　　另外，晤談過程中，心理師的目的是要跟你一起合作解決困難，目的不是在指責或評價你，然而，我也知道要面對一個不甚熟悉的人講自己的事情，不免會擔心別人的看法，但請你相信與心理師晤談並非聊天，不會如同朋友、親人可能很直接的表達主觀想法來指責你、評價你或「你應該怎麼做……」，心理師會試著透過與你的互動釐清你的想法，進而討論出最適切的因應方式。當然，如果晤談過程中，心理師讓你感覺到不舒服，例如：跟你不同的性別、宗教、價值觀、態度等等，你也有選擇或更換心理師的權利。

　　<u>筱卉</u>，我也看到了你對進入諮商中心可能會被貼標籤的擔心。其實，在許多先進國家，固定的與心理師晤談是一件很自然的事情，接受諮商的人，其職業遍及醫師、老師、企業家等，並非有病的人才來晤談；再者，很多時候是因為不瞭解所以感到擔心，如果你願意多瞭解諮商中心的人、事、物，也許你會有不同的感覺。

　　每個人面對未知都會有些恐懼、害怕跟擔心，與其把對學

長的憤怒、悲傷、失望放在心裡，影響了生活與課業，不如給自己一個整理情緒的機會，讓心理師陪著你走過這段路途。當然你也可以倚靠自己的力量，慢慢的讓心情好起來，就像是感冒一樣，不看醫生也會自己痊癒，因為每個人的身體有自我療癒的能力，只是就醫、吃藥通常會讓症狀紓緩一些，也會降低不舒服的程度。同樣地，筱卉，你可以自己想一想，如果過了一陣子心情還是沒辦法好起來，生活還是受到很多影響，那諮商中心會是你另外一個選擇。不然這段時間原本的朋友可能因為你的情緒而慢慢遠離你、作業成績受到影響等等，反而造成你更不希望的後果。

所以筱卉，你可以想一想，諮商中心永遠歡迎你！

故事三

　　同班的阿志與阿陞，兩人從大一就是室友，又都從南部北上求學，同鄉的情誼加上共同的興趣——研究物理，很快的兩人成為無話不談的好朋友，約好要一起考上研究所，甚至進修博士班，期望能成為物理界的研究學者。

　　升上大三的兩人，總在學校下課後一起騎摩托車到補習班補習，就在一次大雨下不停的夜裡，兩人在往補習班的路上竟然出了車禍，有一臺小客車因為視線不佳又加上酒駕，追撞了兩人，被載的阿陞不幸逝世，而阿志僅身體受傷。

　　車禍之後，學校的諮商中心很快地與阿志的導師聯繫，為班上安排了安心講座，由院系心理師與班上同學談談阿陞的過世。講座那天阿志也出席了，一個人靜靜地坐在角落，聽著同學們分享對阿陞的懷念與不捨，卻始終不發一語，唯一說話的時候是當同學們談到對於自己的關心，阿志才終於開口，簡單地說著請大家別擔心，自己已經好多了。

　　講座結束後，心理師在導師的協助下，嘗試著邀請阿志進入諮商，希望能夠陪伴阿志面對失去阿陞的意外，但阿志依舊婉拒了心理師的邀請，僅淡淡地說已經記住心理師在安心講座中所談的內容，知道意外發生後可能會面臨的反應，也瞭解該如何陪伴自己度過這段日子；若真的有需要，會主動尋找諮商的服務。

　　安心講座後，阿志縱使瞭解心理師所說的，卻無法不自責，認為自己沒有及時反應，才讓意外造成，都是自己的錯。加上失去最要好的朋友，心中更是痛苦萬分，常常在深夜中不自覺地想起阿陞，想起過去兩人一起為了研究某個物理現象熬夜討論的畫面，如今卻不再擁有，每想到此，阿志就感到難過，常常躺在床上許久，無法入眠。

　　阿志不太敢再經過車禍地點，暫時也停了補習班的課程，也向學校請假回到南部休息。在家休息的阿志，有家人的陪伴，情緒上有好一些，但因家人擔心阿志仍會不斷地想起阿陞，因此絕口不提這件意外，只是不斷告訴阿志要好好的靜養，其他的事就別想太多了。一直以來在家中也是相當聽話的阿志，為了不讓家人擔心，避而不談心中的苦痛，也很努力地在家人面前表現的很堅強，只是才休息一個星期，阿志突然向家人表示要回學校繼續念書，想要幫阿陞一起完成兩人共同的夢想。

　　但一回到學校，一樣熟悉的場景卻沒有最要好朋友相伴的校園，令阿志感到相當失落，即便能夠正常坐在教室裡上課，卻不時思緒會飄走想起這件意外，而無法專注；有時阿志也會忍不住想要談談對阿陞的想念，但卻發現班上的同學早就不再談起阿陞的事；有時阿志也會刻意想要避開同學們的聚會，就怕大家會不小心談到阿陞，而自己會無法控制自己的情緒，因

此，為了不讓別人擔心自己，阿志總是努力的表現「很正常」，但卻愈來愈覺得無力，失眠的情況也愈來愈嚴重了，偶爾還會做惡夢。

阿志好想振作起來，為了阿陞，也為了兩人曾有過的夢想，但是力不從心的感覺令阿志好挫折，又因為失眠造成精神狀況不佳，上課也無法專注，幾次下來，小考的成績也開始下滑，導師也注意到阿志的狀況並不好，於是找了阿志來聊聊。阿志原本還是輕描淡寫地說著自己已經不太難過了，但是當導師問起自己的學業狀況怎會突然下降，是不是跟阿陞的過世有關，壓抑已久的阿志再也忍不住心中滿滿的悲傷，流著眼淚邊訴說著對自己的失望與對阿陞的愧疚與想念。

導師聽了阿志的情況，除了安慰阿志外，更鼓勵阿志嘗試找專業的心理師談談，就像是心理師在安心講座曾說的，當發現自己很努力地想要幫助自己，卻沒有太大改善時，也許就可以換個方式，像是找專業的心理師談談。導師也提到是否直接幫阿志轉介，但阿志表示有些猶豫，想要再想想，因為一直以來自己總是不太讓人擔心，也早就習慣自己解決自己的問題，真的要找個專業人士談談，感覺有些不習慣。

結束與導師的對話後，阿志回想自己在阿陞過世之後，曾說過要連阿陞的份一起努力，但現在卻是一蹶不振，成績不僅退步，連身體也照顧不好，還會常常在腦海中浮現意外發生的

那個畫面，阿志突然意識到再這樣下去，不要說完成兩人的夢想，恐怕自己也就要垮了，或許真該找個人談談，好好的處理與面對這樣的情況，也許，真能改善，找到一些有效的方法解決失眠與學習專注的問題，**更重要的也能問問心理師，自己腦海中有時不自覺冒出的意外畫面是否正常？還是自己心裡也生病了呢？**

　　想要弄清楚自己怎麼了，也想要改善目前生活情況的阿志，終於鼓起了勇氣到諮商中心預約諮商。

【聽聽心理師怎麼說】

　　失去這麼親密的好朋友，真的令人悲慟，而這樣的失落真的很不容易面對，但阿志卻展現了很堅強的一面，讓自己盡量「正常」生活，回到學校的軌道，愈是在危機時刻愈能讓自己穩定下來，其實是需要花更多心力的。相信每個人都曾有過這樣的經驗，失去了一個很喜愛的東西，或者經歷了某個所愛的人離開身邊，這些都代表了「不再擁有」，這樣的失落很深刻，而阿志就是在面對這個艱難的歷程，更加上了心中的愧疚與自責，令其在復原之路也顯得特別的艱辛。

　　很多人在面對意外失落事件時，總是習慣自己處理自己內在的感受，又以像阿志一樣的男性，從小到大表現優異，想必也不習慣讓別人擔心，也較沒有機會展現自己脆弱的一面，又

加上中國文化中對於「死亡」事件更是避諱的話題，阿志要處理內在悲傷的情緒，其實很不容易。

　　但，阿志也觀察到自己在阿陞過世後，生活發生了一些變化，而那些變化已經超乎自己所能解決，像是失眠、學習無法專注、對自己感到失望，其實阿志內在也很不安，也意識到再這樣下去，恐怕自己也會真的「生病」了，回想自己與阿陞的承諾，阿志下定決心要改變，幫助自己找到出口，改善自己的生活。

　　回想自己的成長過程，任何人都有可能經驗這類似的感受，像是面臨一個重要關係的失落，卻沒有人跟我們討論這失落的感受與如何調適，最後會令我們避而不談、選擇壓抑，但如此就會錯過許多療癒的可能。試想，如果在我們遇到困難或者是挑戰時，能有個人專心地傾聽、客觀的分析與討論，更能幫助自己釐清一些混亂的思緒與擬訂一些可行的調適策略，這不是一件很讓人安心的事嗎？當然，這樣的一個人可以是你信任的長輩，也可以是親密的好友，當然也可以是一個受過專業訓練的心理師。

　　進一步來說，凡是自己覺得生命中遇到任何重要的事，想要找人討論、瞭解與釐清目前的狀況，「有意願」幫助自己過更好的生活，想要「改善」自己的狀況，那麼就是尋求諮商的最佳時機。像是阿志尋求諮商協助，透過心理師的陪伴與傾

聽，有機會將心中埋藏的感受表達出來，更能透過互動討論，「瞭解與釐清」自己目前遭遇的困難，也能與心理師一起評估是否需要醫療協助，來幫助自己改善睡眠狀況。再更進一步也能與心理師討論該如何完成與阿陞的夢想。

　　不妨試試看，當你想找某個人談談，卻不知道該找誰，也許諮商就是可以考慮的選擇之一。「諮商」像是一面鏡子一樣，能幫助你看見自己，也幫助你用更多方法達成自己想要的期待。

故事四

欣宜和家樺兩人從高中時代就認識，因為常一起幫忙輔導室辦理活動，所以兩人也愈來愈熟悉，後來更成了無話不談的好朋友。她們兩人都曾經擔任班上的輔導股長，熱心助人的個性讓她們很受班上同學的信任，只要同學心情不好或遇到什麼煩惱，都會想找她們傾訴，而她們也總是耐心的傾聽。

高中考大學時，兩人約好了要填同一所學校，後來也如其所願，果真上了同一所大學，而且還成為同班同學呢！這樣一來，兩人就更常有機會可以聚在一起了。有一天，她們兩人一起去參觀社團博覽會，想從中選擇喜歡的社團參加，以擴展自己的課外活動經驗。突然間，在眾多的攤位中，欣宜發現除了各種類型的社團之外，校內還有好多不同性質的志工隊，於是便拉著家樺想多瞭解一下這些志工隊到底都在做些什麼？

在一個攤位上，「諮商志工隊」吸引了她們的目光，上前瞭解後才發現原來這個志工隊的主要任務，是在協助學校的諮商中心辦理心理衛生的相關推廣活動。於是，兩人很有默契的繼續詢問加入志工隊的細節，覺得這裡或許可以讓她們有所發揮。

在經過志工隊的面試之後，兩人很順利的正式成為諮商志工隊的一分子。隨著培訓課程、活動的參與，兩人也愈來愈清楚諮商志工隊到底都在做些什麼；而且更讓她們覺得開心的

是——在這個志工隊裡，大家都相處得很好、很和樂，而這邊的老師也很溫暖，每次來這裡都感覺到一股舒服、自在的氛圍。但是，她們也觀察到了一件事：就是雖然諮商中心也常會有許多同學主動來這裡找老師談話，而老師或學長姐們都會把這樣的談話稱為「諮商」，這看起來跟高中時去找輔導老師聊聊是很像的，但是那時候並不會將這樣的行為叫做「諮商」，反而會說是去接受「輔導」，所以，**到底「諮商」跟「輔導」有什麼不同呢？**

欣宜和家樺帶著這樣的困惑決定去找老師釐清心裡的疑問；也想瞭解一下以前高中時兩人也常聽同學說話，陪她們聊聊心裡的煩惱，那這樣跟老師在「諮商」時做的是一樣的事情嗎？到底**跟諮商中心的老師談話與去找輔導老師和只是跟一般的朋友聊聊會有什麼不一樣嗎？**

【聽聽心理師怎麼說】

欣宜、家樺，可以感覺到你們對「諮商」的疑惑，也很欣賞你們對於解決困惑所採取的行動力。過去擔任輔導股長的經驗，相信讓你們對於「輔導」並不陌生，而「諮商」與「輔導」相似的地方在於這兩者都是一種助人的歷程，也都希望透過這樣的歷程可以幫助一個人適應得更好。然而，它們兩者之間還是有些不同的。

　　如果以它們兩者的功能來說，輔導比較強調的是教育的部分，通常接受輔導的學生會有一些明顯的困擾，藉由輔導的過程就是希望可以透過一些外在資訊的提供，幫助他改變困擾的行為，因此輔導通常都會有一個明確的工作目標和方向。至於諮商的話，它比較強調個人的成長與治療，只要是想深入探索自己內在的一般人都可以適用，藉由諮商的過程，幫助個人增進對自我的覺察與瞭解，也學習為自己的生活做出最適合的決定，因此，諮商目標通常會視來談的個人而有所不同。

　　此外，會稱為諮商，也表示談話的老師其實是一名心理師，他除了經過專業的訓練之外，還通過考選部專門職業及技術人員高等考試合格，領有心理師證照，才能執行諮商的職務。相對而言，輔導老師則通常屬於教育背景，雖然也有受過助人工作的訓練，但主要服務的場域多在學校之中。由於心理師和輔導老師多具備心理學、助人技巧的相關訓練，因此在與他們談話的過程中，焦點會在個案身上，由個案去敘說，而心理師或輔導老師會適時運用一些技巧予以協助，目標是希望幫助來談的人可以釐清問題、解決困難並增進對自我的認識；而這樣的歷程當然有別於一般朋友之間不一定有目標、焦點也不見得會一直在同一個人身上的對話或聊天。

　　至於心理師和輔導老師也會由於他們所受專業訓練的不同，而在與來談者談話的過程中有不同的目標和方法。一般而

言，輔導老師通常也扮演著一個教育者的角色，較注重學生問題行為的改變；而心理師則更關心個案的內在狀態，在相信每個人都是有能力自我成長與發展的前提下，與個案建立起一個安全、信任和接納的關係，共同去探尋任何個案想談論或瞭解的議題。

　　不知道欣宜和家樺對於你們所提出來的疑惑是否有較清楚的瞭解了呢？其實輔導與諮商雖然在核心的工作或理念上有所不同，但共同的目標都是「助人」，所以彼此是可以相輔相成、互相補足的。

諮商小補帖

1. **輔導的定義**：輔導 (guidance) 是一種教育的歷程，在輔導的歷程中，受過專業訓練的輔導人員，運用其專業知能，協助受輔者瞭解自己、認識世界，並根據自身條件，建立有益於個人與社會的生活目標，使其在教育、職業及人際關係等各方面的發展，能充分展現其性向，從而獲得最佳的生活適應 (張春興，民 93)。

2. **諮商的定義**：根據美國諮商學會 (American Counseling Association) 於 1991 年對諮商的定義是「一個複雜的助人歷程，為了促進諮商歷程，諮商人員必須與案主建立有效的關係，這個關係是一種能維繫信任，並確保個人隱私的工

作關係。諮商的重點工作則在於問題解決，做出有效的決定，以進一步探尋並學習個人發展的意義與價值。」(鄔佩麗，民 94)。

3. **心理治療的定義**：是指受過專業訓練的治療者以其診斷與治療的技術，幫助人格結構受到損傷，或者是在認知、情感、行為等方面出現功能失常的人所進行的互動歷程 (鄔佩麗，民 94)。

4. **輔導、諮商與心理治療的關係**：若以發展性、預防性與治療性的功能來看，輔導較強調發展性及預防性的功能，而以治療性功能為輔；諮商與心理治療則較強調治療性的功能，並兼顧預防性及發展性的功能。若就三者在發展性、預防性及治療性功能所占之比重而論，則諮商介於輔導與心理治療兩者之間 (鄔佩麗，民 94)。

故事五

　　小藍告訴班上同學，總覺得最近有人一直在跟蹤他，心想會不會是因為自己知道很多秘密，這些人才會想要殺他滅口。小藍對於這樣的說法解釋的頭頭是道，認為自己身在一個危險的處境，隨時都有可能面對致命的危機。在走路的時候，一直回頭確認後面是否有人在跟蹤，看到校園中迎面而來的人，也會認為是校外組織的殺手假扮的，自己要故意裝作不知道，否則會有生命危險，對於這樣的解釋深信不已。

　　小藍最近開始耳邊聽到一些奇怪的人聲，但是卻沒看到旁邊有其他人在場，尤其是在他念書或上課的時候特別明顯，彷彿覺得這些聲音刻意的在干擾他的學習。有一次上課時，後面又傳來吵雜的聲音，而且愈來愈明顯，小藍以為是後面同學在說話，於是忍不住地將桌上的咖啡往後面灑，轉身怒視後排的同學並大聲地說：「你們不要再吵了！很煩耶！」當時後排同學感到很錯愕，因為根本沒有任何人在說話。小藍也因此被轉介到諮商中心接受進一步的協助。

　　心理師與小藍諮商過程中，小藍呈現跳躍性的對話，不斷地問心理師有沒有聽到其他的聲音，眼神左右飄移不定，有時候大聲地中斷與心理師的對話，有時候不停地搓手呈現焦躁不安的狀態。心理師初步評估小藍的思考、知覺及語言溝通等

方面，認為小藍出現一些精神分裂病的行為症狀，所以建議小藍先至醫院身心科就診，請醫生協助衡鑑診斷小藍的情況。小藍表示不願意就醫，並問心理師：「為什麼要叫我去看醫生？我現在已經來諮商了啊！不是這樣就可以了嗎？我說的都是真的！你們為什麼不相信我？」

小藍懷疑自己真的需要就醫嗎？校園內的諮商或是校外諮商機構對於小藍自己目前的情況有幫助嗎？

【聽聽心理師怎麼說】

小藍，看得出來你對於到身心科（精神科）就診這件事情顯得有些介意，我們可以理解每個人對於到精神科就醫的解讀不同，有些人明知道自己生病了，但是擔心就診後即被周遭他人視為精神病患，所以放棄就醫這條管道；也有些人明明生病了，自己卻沒有足夠的**病識感**，不認為自己生病了。除了這些外，當然還有可能因為不瞭解相關訊息等其他原因而不選擇就醫。

在校園中，除非符合法規中出現危急傷害事件外，我們無法強制任何一個人就醫，我想心理師之所以會建議小藍就醫，無非是基於協助小藍你的立場，希望讓衡鑑診斷或醫療藥物的資源一起進來協助你回歸到正常生活的軌道上。校園中的心理師進行的是諮商輔導工作，其中除了諮商晤談外，還包括評量

個案的身心狀況等，心理師若評估小藍有可能需要藥物的協助時，就會建議你前往就醫，但因為只有醫生才能夠開藥物處方籤，所以只能透過就醫這個方式，小藍你才有機會得到這類型的醫療照顧。如果小藍一邊藉由藥物減緩生理上的症狀（例如幻聽），一邊持續進行心理諮商協助處理心理上的困擾，透過雙管齊下的治療方式，小藍你將可以得到更妥善的照顧。

　　另外，心理師雖然也被歸類為醫事人員，服務的場所包括學校、醫院、社區諮商相關機構等，但不同場所提供的服務卻不相同。例如：學校諮商中心服務的對象大多為校內學生，主要提供個案諮商、輔導或轉介的協助；醫院系統的服務對象以民眾為主，主要透過藥物或儀器協助生理上的調適；社區諮商相關機構服務的對象也是以社區民眾為主，依機構人員之專業身分不同而提供不同類型的協助。依據心理師法之規定，心理諮商必須在合格的諮商場所執行，為了保障自己的權益，建議選擇合格之心理諮商場所接受諮商服務。

諮商小補帖

　　病識感，係指個案對自身生病情況或生病起源的歸因之瞭解程度，包括：

1. **真正病識感**（true insight）：知道自己生病及瞭解病因，且願意就醫接受治療。

2. **部分病識感**（partial insight）：知道自己的狀況不太對或承認自己有病，但做錯誤的歸因，或歸咎於其他因素，例如：最近太累、睡眠不足等原因，並不瞭解真正的病因。

3. **理智病識感**（intellectual insight）：知道自己有病且知道病因，但無法更深入掌握該情境或進一步做恰當的調適，缺乏治療的動機。

參考資料

張春興 (民 93)。張氏心理學辭典。臺北市：東華。

鄔佩麗 (民 94)。輔導與諮商心理學。臺北市：東華。

李依蓁（民 98）。父母協助生病子女發展完整病識感歷程——以精神分裂症為例。慈濟大學社會工作學研究所碩士論文。

Marjorie, B., & Ruth, L. E. M. (1999). A descriptive study of insight into illness reported by persons with schizophrenia. Journal of Psychosocial Nursing & Mental Health Services.

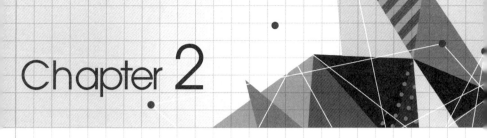

Chapter 2

揭開神祕的面紗

vv

諮商架構篇

故事一

　　小琪是一位個性內向、文靜害羞的大一新鮮人，對於即將離家住宿，又要與交往一年多的男友阿翔分隔兩地，心裡感到極為不安與不捨。在阿翔不斷安慰小琪，向她保證會每天打電話給她，每個星期都會來找她的承諾下，小琪才逐漸放下心來，準備迎接大學生活。

　　搬進宿舍的第一天，面對陌生的室友，小琪覺得很緊張，正猶豫著要怎麼跟她們打招呼時，其中一位室友漾起笑容，親切地向小琪問好，並主動介紹自己；這樣的舉動，讓小琪感受到了善意，怯怯地向對方自我介紹。這位主動釋出善意的室友就是琳琳，是小琪在這個陌生的環境裡，第一個認識的人。

　　琳琳的個性與小琪極為不同。琳琳活潑外向，在班上人緣極好，也熱衷參與服務性社團和校內的志工隊。雖然琳琳常邀請小琪參加活動，但小琪生活的重心除了課業之外，心思幾乎都放在她的男友阿翔身上，只要阿翔忘了打電話給她，或那個星期他們無法見面，小琪就會覺得心情沮喪、悶悶不樂，而二人更是為此常常發生爭吵。琳琳知道小琪心情不好，常會安慰她、聽她說話，但心裡也不免為小琪感到擔心。

　　有一天琳琳回到宿舍後，發現小琪躲在棉被裡哭得很傷心，焦急地問小琪發生了什麼事？才知道原來阿翔覺得兩人與

其繼續吵鬧下去，彼此不開心，倒不如分手算了。小琪不想與阿翔分手，不斷問琳琳：「該怎麼辦？」琳琳一時之間也不知如何是好，只能不斷安慰她。

在阿翔提出分手後的那一天，就不再和小琪聯絡，任憑小琪不斷打電話、傳訊息或留言，阿翔就是沒有任何回應；小琪為此每天睡不好也吃不下，甚至慢慢地連課都不去上了。

琳琳看到小琪變成這樣，心裡很擔心，卻不知該怎麼拉小琪一把。有一天下課後，剛好經過「諮商中心」，突然想起之前曾聽志工隊的學長分享自己在心情低落、做什麼都提不起勁時，曾到這裡來找老師談話；於是想到或許可以帶小琪來這裡，只是……琳琳也不免對「來這裡跟老師談話」感到疑問，到底**這裡的老師跟一般的老師有什麼不一樣的地方嗎？是不是一定要到諮商中心來才可以跟老師談話呢？可不可以同時跟幾個老師談，這樣效果是不是更好？**

【聽聽心理師怎麼說】

琳琳，從你提到的問題中，可以感覺到對於「來這裡跟老師談話」真的有許多的困惑。尤其，在你為小琪感到擔心，很希望可以找些方法幫助她的情況下，一定會更想知道到底來這裡跟老師談話是怎麼一回事。

其實啊！諮商中心的老師跟學校裡其他老師的不同就在於

專業領域的差異。每個老師都有他們自己的專業，有些老師的專長是化學，有些老師的專長是語文，還有些老師的專長是商學，當然還有更多其他專長的老師；而諮商中心的老師，他們受過心理學、諮商理論、助人技巧等等專業的訓練，因此在談話的過程中，除了基本的專注、傾聽、同理的態度之外，還會適時的運用一些方法或策略來協助你，也就是說，諮商中心老師的專長就是透過與你談話的過程來幫助你解決問題。而這些老師就是所謂的「心理師」。

　　而為了讓你可以更放心地跟心理師談話，通常諮商的進行也會選擇一個兼顧舒適與隱密的空間，這地方當然不一定要在諮商中心裡面，只是在學校裡要找到一個兼顧隱密與舒適的空間較不容易，而諮商中心因為業務的需要在空間的規劃上通常最能兼顧隱密與舒適性。一般來說，大學的諮商中心通常會有幾間諮商室的設置，如果空間許可的話，每位心理師會有一間自己的辦公室，而每次的諮商就可以在同一個地方進行；但有些大學的諮商中心，諮商室是由幾個心理師輪流共同使用的，因此，每次要在同一個空間進行諮商較不容易。但若能在同一個地方進行諮商，維持環境的一致性，不僅會讓你覺得更安全、更自在，也更能協助你將精神集中在探討自己的內心世界喔！

　　最後，關於你提到的「是不是可以同時跟幾個老師談

呢？」，其實就像諮商的時間和地點會盡可能的維持一致性之
外，與同一位心理師穩定的進行諮商也是很重要的。因為他／
她可以更瞭解你問題形成的脈絡，兩人也可以建立更信任的關
係，進而能讓你更安全地探索自己的內在。如果同時與不同的
心理師諮商，可能由於心理師本身學派的觀點不同，對問題的
看法也會有所差異，因而容易造成你的衝突或混淆，反而無助
於問題的解決；因此諮商會維持在同時間與同一位心理師談話
的原則下進行。

　　其實，琳琳你的疑問也是許多人對於「諮商」的困惑，很
欣賞你將這些疑惑提出來。希望透過上述的回答能協助你瞭解
諮商進行的一些基本原則。

諮商小補帖

　　心理師的專業背景：一般來說，在諮商中心與學生談話的
老師，均需受過諮商專業的訓練，必須就讀諮商、心理相
關的研究所，修習畢業學分後，需實習至少一年且成績及
格，取得碩士學位者，才具備參加專門職業及技術人員高
等考試的資格(心理師法第 2 條)。高考合格後，方能取得
心理師的證書，並向所在地的主管機關辦理執業，執行諮
商的職務(心理師法第 7 條)。因此，這些老師其實是心理
師。而與心理師的談話和一般的聊天也很不同，因為談話

的進行會有一定的架構 (如：時間、頻率、地點等等)，因此，與心理師的談話一般稱為「晤談」或「諮商」。

故事二

　　艾薇是一位個性內向的大四學生，儘管她不擅於主動與人互動，但她在學業上的表現和音樂上的才華，讓她周圍總是圍繞著一群朋友。

　　表面上看來，艾薇所擁有的一切的確令人欣羨。身為獨生女的她，是父母的掌上明珠，只要她開口，父母總會極力滿足她；而艾薇也很努力，不僅課業上總是名列前茅，也彈得一手好鋼琴，還多次贏得比賽的冠軍，讓父母引以為傲。但是，一直以來，艾薇並不快樂。

　　艾薇知道父母很疼愛自己，但她的內心其實一直很害怕讓他們失望。她回憶起小學有一次參加鋼琴比賽只得了第二名的成績時，父母親雖然嘴巴上說沒關係，但是可以感受到他們語氣中透露出來的失望，艾薇一直清楚記得當時父母的表情和眼神。此後，每次的考試或比賽，艾薇總要求自己努力再努力、不斷練習再練習，絲毫不敢懈怠，只為了爭取最好的佳績，讓父母開心。所以，艾薇心裡一直處於一個很有壓力的狀態。

　　而在人際方面，雖然艾薇的人緣看起來不錯，但其實真的能與艾薇交心的朋友卻幾乎沒有。一來是艾薇把大多數的時間都花在學習及家庭生活上，因此能與朋友在一起的時間就只有在學校的課餘時；二來是艾薇的朋友都是一味地羨慕她，很難

理解<u>艾薇</u>心裡所承受的壓力，因此，<u>艾薇</u>也不知道該如何跟他們聊聊心裡的感受。

在面對大四即將畢業之際，雖然知道父母期待她可以繼續升學，考取研究所，但<u>艾薇</u>心裡一直出現「夠了」的念頭，不想一直再過讓父母親滿意卻不是她真正想要的生活。她想嘗試離開家，想去看一看外面的世界，想知道自己還可以做什麼，也讓自己的心喘口氣；但是，只要一想到父母的期待，<u>艾薇</u>就不知道該怎麼開口跟父母說，又不知道可以跟誰商量，因此心裡覺得很苦惱。

有一天，<u>艾薇</u>去聽了一場演講，老師所談的內容讓她心有戚戚焉，覺得這位老師或許可以理解她、懂她心裡的苦；因此，聽到講師介紹諮商中心的資源時，心裡也想著：或許可以到諮商中心去找老師聊一聊，但另一方面，<u>艾薇</u>心裡也猶豫著：不曉得跟老師的談話**要談多久？是不是一次就可以談完了呢？**儘管如此，<u>艾薇</u>仍決定到諮商中心走一趟，去瞭解看看，也解答自己的疑惑。

【聽聽心理師怎麼說】

<u>艾薇</u>，可以感覺到你一直以來真的很努力，也可以感受到你在面對自己未來生涯和父母期待的衝突下，心裡的掙扎與困

惑。很欣賞你願意找人談談的勇氣。

　　對於你所提到的諮商到底「要談多久呢？」，的確在諮商的進行上，有一些時間上的規範。一般來說，每次的諮商通常是 50 分鐘，每週會進行一次。在諮商一開始的時候，心理師就會先向你說明清楚時間上的規範，之後的諮商，就會維持在時間一致性的原則下進行。也就是說，如果心理師與你約定在星期二的 15:10-16:00 進行諮商，那麼之後的諮商就會固定在每週二的這個時段進行。將時間固定下來的好處是一方面可以讓你好好在這段時間與心理師共同「工作」來解決困擾，避免漫無目的之談話；另一方面則是這個時段是專屬於你的時間，你不用擔心會打擾或占用到心理師的時間，而感到不好意思。

　　除此之外，諮商的進行通常也不會只有一次，因為你所感到困擾的問題往往已持續了一段時間，所以不太可能在短短一次 50 分鐘的諮商中，就能釐清問題；因此，諮商的進行往往是持續性的。一般而言，短則六次左右就會結束，長則甚至持續數年呢！主要會視問題的改善程度而定，再來就是你在諮商的過程中是否發現到還有其他議題存在，並且有意願繼續諮商，這都會是要持續多久的考量，所以沒有辦法給你一個明確、統一的答案。

　　但不管如何，只要艾薇你願意每星期空出 50 分鐘的時間，好好與心理師談談你所關心的議題，相信對於你心裡的掙扎與

困惑會有所釐清，也會對自己有更進一步的認識與瞭解。

諮商小補帖

1. **諮商時間**：一般而言，個別諮商每次時間通常會訂在 50 分鐘或 60 分鐘（林家興、王麗文，民 89）；而家庭諮商或伴侶諮商則因為心理師需對每位個案有更多的瞭解，因此多以 90 分鐘做為每次進行的時間。

2. **諮商頻率**：雖然諮商頻率基本上是以每週進行一次為原則，但若個案處於危機狀態時，會考量其情況增加每週諮商的次數；反之，若個案處於目標達成的結案階段，也可延長其諮商頻率，如隔週進行一次（林家興、王麗文，民 89）。總之，基本的諮商架構可因應個案的狀態而彈性調整，但前提是心理師得和個案討論，達成共識。

3. **諮商次數**：除了心理師個人的學派傾向與次數有關之外，問題本身的複雜或嚴重程度、個案的配合度、覺察力，以及機構本身的資源多少等也會影響諮商次數。一般而言，短期諮商的次數多在十次以下或三個月以內，而長期諮商則往往持續一年以上 (林家興、王麗文，民 89)。

故事三

　　正楷目前是一個大三學生，他平時熱衷於參與系上的拔河隊，在學業部分的表現也很積極，是老師心目中品學兼優的好學生。除此之外，正楷的人緣也很好，他極負責任感的性格，不只是深受拔河隊成員愛戴，班上同學在分組報告時也總想跟他同一組，而老師也都會委以重任，請他協助辦理班上的聚會活動。

　　阿哲是班上這學期新轉來的轉學生，因為分組報告的關係，與正楷剛好分到同一組別，在討論報告的過程中，發現同組的成員們常會藉故推拖，將一些事情丟給正楷處理，正楷雖然不計較，總是笑笑的答應，但是阿哲很看不慣同組成員的行為；於是，在一次討論報告結束後，阿哲趁同組成員離開，抓準機會詢問正楷對於同學總是推拖、不盡責任做報告的行為有什麼看法。

　　正楷聳聳肩笑著說：「我是家裡的老大，從小父母親總要我做弟妹的榜樣，也總會要求我能做的就多做一點；以前小的時候，我心裡常會覺得不平衡，但後來也就習慣了。」阿哲繼續問：「那同學他們做少少的事情，卻跟你拿到同樣的分數，你心裡難道不覺得不公平嗎？」正楷回答說：「說實話，完全不介意是不可能的，但我又不知道該怎麼跟他們說，或者該怎麼拒絕他們，總覺得很難說出口；而且又會擔心破壞彼此的感

情，所以想了想，總是忍了下來。」阿哲回應：「雖然可以幫助別人很好，但感覺你總是將別人的事情放在第一位，自己的事情放後面。」正楷聽了之後，停頓了幾秒，然後悠悠的回應：「我也想過要改變，但不知道從何改變起，深怕一改變就破壞了現況。」阿哲聽了，不禁為正楷感到難過，同時，突然想到了一個地方，那裡或許可以對正楷有所幫助。

　　阿哲於是拉著正楷離開，來到學校「諮商中心」門口，告訴正楷說：「這裡或許可以幫上你的忙。我以前在另一個學校的時候，當過諮商中心的志工，看過很多同學遇到一些困擾都會來這裡找老師聊聊，這裡的老師很像是一些影集裡看到的『心理醫生』，所以才想帶你過來試試看。」正楷說：「謝謝你！但是，**看病需要付錢，那來這裡談話也需要付錢嗎？萬一，我和這個老師談不來，也可以像生病看醫生一樣，感覺沒有效就換別的醫生嗎？還有，既然像『心理醫生』，那是不是來這裡跟他談話，他一定會讓我變好呢？**」阿哲搖搖頭，露出困惑的表情，表示說：「這些問題我也不知道該怎麼回答，不然我們一起進去找裡面的老師問問看好了。」

【聽聽心理師怎麼說】

　　正楷，感覺到你對於來諮商中心找老師談話有些許的猶豫和困惑，尤其在聽了阿哲將這裡的老師比喻為「心理醫生」後，

不免讓你對平時生病看醫生的經驗有些許的連結。事實上，在臺灣並沒有「心理醫師」這個行業，只有精神科醫師跟心理師兩個不同的行業。

學校裡，諮商中心屬於大學校園中行政單位的一部分，是學校提供給學生使用的資源；因此，只要你具有該校學生的身分，即可免費使用這樣的諮商服務，並不需要額外付費。

另外，你也提到在這裡跟老師談話是不是也可以像看醫生一樣，覺得沒有效果，就換另一個醫生看看？當然，如果你真的覺得不適合是可以更換與你晤談的心理師；但通常會先鼓勵你，如果覺得哪裡不適合，可以在諮商時直接提出來跟心理師討論，彼此直接的溝通、瞭解，看看是否可以找到互相調整的方式，或者討論後，彼此都覺得更換另一個心理師是比較好的方式，那麼當然就可以安排進行轉介給另一個心理師。因此，更換心理師是可以的，但會鼓勵你在更換心理師之前，可以更直接的在諮商過程中向心理師表達出你覺得不適合的部分是什麼，彼此討論、澄清，不但有助於你學習以更直接的方式去表達、溝通，也有機會去檢視諮商中「卡住」的部分，如此，不管是與原心理師繼續諮商，或與另一個新的心理師諮商，都會對你更有幫助。

最後，與心理師諮商，是不是就一定能讓你變好？這可以生病看醫生來做比喻；醫生針對你的症狀開藥方給你服用，但

你是不是可以很快好起來，除了醫生是否對症下藥之外，還和你的抵抗力如何？是否準時服藥？多喝水、多休息等等有關。這就有如在諮商的過程中，心理師會針對你所提供的材料與你談話，是站在一個陪伴和協助者的角色，而你所拋出來的內容深淺、對諮商過程投入的程度、願意開放自己的程度等等，也都會是諮商是否成功的重要因素，因此，想讓自己變好，除了心理師的專業協助之外，更重要的關鍵其實是你自己。

　　對於要進入諮商，的確需要一些心理準備，但相信只要<u>正楷</u>你願意冒個險，踏出第一步，並且慢慢投入於諮商的過程，相信你也會有所收穫。

諮商小補帖

　　諮商費用：一般而言，使用大學諮商中心的諮商資源，是不需要額外付費的；但是在一些社區機構、心理所或醫院則需要另外付費，付費標準各有其規定。在社區機構或心理所的晤談費用，大多每一小時在 800-2000 元之間；而醫院由於有健保制度的關係，在醫師看診後，會判斷是否需要安排諮商，雖有次數上的限制，但只需負擔掛號費用。

　　（可以參考附錄一「諮商輔導協助單位參考資訊」）

參考資料

心理師法 (民國 90 年 11 月 21 日)（詳見附錄二）

林家興、王麗文 (民 89)。心理治療實務。臺北：心理。

Chapter 3

打開話匣子 ▼▼ 主題內容篇

故事一

　　阿瑋生長在一個大家族裡，他是這個大家族裡年紀次小的孩子。在阿瑋的記憶中，從小到大，阿公說的話最具權威，只要阿公一聲令下，家族中的伯伯、姑姑和叔叔們，大家都不敢吭聲。

　　在這麼具有權威的家族中，與阿瑋同輩的堂哥、堂姐們，還有自己的哥哥和弟弟，個個都非常的優秀，學業成績總是名列前茅，讀的也是國內首屈一指的一流學府，就只有阿瑋一個人從小成績總是中等的程度，大學也沒能考上國立的學校。因此，阿瑋一直以來都是阿公數落的對象，每每大家團聚在一起的時刻，就是阿瑋最害怕的時候，因為阿公會一一瞭解每個孫子的近況，只要輪到阿瑋時，阿公總是皺眉又搖頭，頻頻說些批評的話，讓阿瑋覺得自己很糟糕，好像自己是這個家族的恥辱一樣。

　　在這種背景中成長的阿瑋，對自己很沒自信，在人際互動上也顯得很退縮，總是被動的等待別人與自己交朋友。儘管上了大學，離家後，阿瑋開始參與一些社團活動，想讓自己有些不同以往的學習經驗，但內心裡卻一直覺得比不上別人，也很在意別人的眼光。

　　在一次社團辦活動的經驗中，阿瑋獲得社員的推選成為該

次活動的總召，他除了很開心自己可以被看見、被認同之外，也下定決心一定要比以往更努力，讓大家看到自己的能力。偏偏在籌劃的過程中，阿瑋面對社員們的不同意見，雖然很想做到面面俱到，贏得所有人的認同，卻反而把自己搞得很疲累，也使得事情仍然毫無進展。阿瑋對此倍感挫折，也加深了對自我的懷疑。

　　社團指導老師得知目前活動的籌劃進度遠遠不如預期之後，找來阿瑋想瞭解發生了什麼事。阿瑋面對老師詢問的眼神，心裡感到很緊張，擔心老師是不是要責罵自己，於是吞吞吐吐的描述了自己在過程中想做到最好，卻又找不到一個大家都滿意的方法的困境。老師聽完阿瑋的說法後，只是關心的詢問阿瑋怎麼會有這樣的想法？阿瑋提及從小成長的過程，於是老師便鼓勵阿瑋到學校的諮商中心去談談。對此，阿瑋心想：也許是真的該好好面對自己心裡的感受了，但又不免擔心在心理師面前的表現，不知道自己**可以說些什麼？又有哪些不能說？是不是什麼問題都可以跟心理師談呢？**

【聽聽心理師怎麼說】

　　阿瑋，可以理解你害怕面對權威角色的心情，也知道對你來說，願意踏出一步找心理師聊聊真的很不容易；但其實，到諮商中心跟心理師談話，你可以試著放下「自己會不會說錯話

或做錯事」的擔心。在這裡，只要是任何你想談的、你所關心的、你感到困惑的，不管是什麼，心理師都會很願意陪你去探討的，所以你可以放心的來這裡說你想說的話，討論你想討論的，而不需要擔心自己一定得怎麼表現才可以。

　　此外，在諮商的過程中，可以談論的議題也有很多，不管是想要自我探索，或是人際、家庭、情感等跟他人互動有關的議題，還是情緒的調適、生活的適應、經濟的困難、學業的瓶頸、生涯的茫然等等，這些議題也都可以帶到諮商中心與心理師好好談談。

　　所以，阿瑋，其實諮商所談的內容都是生活中你在意的任何事，只要你覺得關心，也願意拿出來談，那麼，任何議題你都可以在心理師的陪伴下，好好的去談論它，而不需要擔心自己的表現。

故事二

美美是一個心思細膩的大二學生。自從進入大學後，與美美走得較近的也只有與她一同住宿的四、五個同學而已，其他班上同學多為點頭之交，沒有太多的接觸。

有一天，在班級活動課的分組討論中，老師發現美美落單了，沒有與那些原本常與她一起行動的同學同組，老師當下心裡雖然覺得納悶，但仍想個辦法，先幫美美分組。

下課後，老師請美美留下來，關心的詢問美美與那些原本要好的同學之間是不是發生了什麼事？美美聽了老師這麼問之後，頓時眼眶一紅，眼淚不聽使喚的掉了下來，抽抽噎噎的回答說：「我……我也不知道發生了什麼事，但是大概在三個星期前，開始發現怪怪的感覺……感覺她們好像刻意要疏遠我。原本我們每天都會一起相約吃早餐、來學校上課，中午或晚餐也多會和她們一起行動；但是最近這三個星期，她們都刻意避開我，不找我去吃飯；即使我主動找她們，她們也會推托說有事，不然就是忽略我說的話。老師，我心裡很難過，不知道到底我做錯了什麼或說錯了什麼，讓她們不想理我……」

老師聽了美美的描述之後，詢問美美有想過要找她們問清楚，瞭解看看發生了什麼事嗎？美美表示：「我有試著問她們，但她們不是淡淡的說『沒什麼事啊！』就是不回應我，我心裡

很急也很難過，可是我又不知道該怎麼辦？想破頭也想不出來為什麼她們不想理我了？」

老師心裡雖然也很想幫助美美，但也在琢磨要怎麼做才能好好處理這件事，不然處理不好，反而讓她們之間的關係更緊繃，但眼前看到美美這麼難過，於是開口邀請美美：「願不願意到學校的諮商中心去找那裡的心理師聊一聊？心理師可以好好聽你說話，也可以幫助你釐清現在的困境。」美美聽了老師的建議後，心裡猶豫著：**雖然真的很想找個人好好聽自己說話，但不免會擔心是不是只能跟心理師談論關於自己的事呢？還是也可以談別人呢？**

【聽聽心理師怎麼說】

美美，可以感覺到你的心情很難過也很無助，平時跟自己走得近的同學突然間不理會自己了，也不告訴你原因，的確會讓你對自己有所懷疑。

而你對於諮商的擔心「是不是只能談自己？還是可以談別人？」其實，在諮商的過程中，我們多是帶著目前生活中感到困擾的事情或關心的事情前來，這些事情難免與我們周遭的人事物有關，所以不免會談到他人，可能也會好奇他人為什麼這麼做，很想改變他們；就像你的室友們突然間不知道什麼原因不理會你，你可能也會很想知道她們怎麼想？很想改變她們的

行為，因此在談話的過程中，就不會只是談到你自己，當然也會談到他人；但更重要的是，諮商的焦點仍會回到你的身上，例如：你的室友們這麼對待你，你是怎麼想的？你很想跟她們恢復關係，那麼與她們的關係對你的重要性是什麼？心理師會協助你去探討自己的想法和感受，釐清自己卡住的地方；當你對自己目前的困境有更清楚的瞭解後，你就可以對問題採取不同的因應方式。

　　所以，<u>美美</u>，只要你願意的話，到諮商中心跟心理師聊聊，你可以試著安心的說任何你想說的，心理師一定都很願意陪伴你，不管是你自己的事，還是你周遭他人的事，只要是你想談的，都可以在諮商中提出來唷！

諮商小補帖

個案在諮商中的權利：決定進入諮商，尋找資源來幫助自己是一個不容易的歷程。因此在心理師專業倫理守則中亦明白揭示個案的相關權利，包括：

（1）**自主權**：心理師應尊重個案自由決定的權利。

（2）**公平待遇權**：心理師在與個案進行諮商時，應尊重個案的文化背景及個別差異，不得予以歧視。

（3）**受益權**：心理師要以個案的最佳福祉為考量，提供專業諮商服務，維護個案人格尊嚴，並促進人格之

健全發展。

（4）**免受傷害權**：心理師應謹言慎行，避免對個案造成傷害。

（5）**要求忠誠權**：個案有要求心理師信守承諾的權利。

（6）**隱私權**：心理師應尊重個案受憲法保障的隱私權。

在上述權利的保障中，更明確瞭解諮商的主題或內容，可由個案自主決定；而諮商的進行，主要考量的則是個案的最大利益。（臺灣輔導與諮商學會專業倫理守則）

故事三

瑤瑤和瑄瑄從大一開始就是很要好的朋友。當初，兩人會成為好友就是因為有共同的興趣——平時都喜歡留意流行資訊，也都喜歡在網路上購買服飾、配件，因此，兩人一拍即合，聚在一起總有聊不完的話題，而且還有一個共同的夢想，就是在畢業後要一起合夥創業，希望可以從網購買家變成賣家。

然而，在升上大四的那個學期，瑤瑤發現瑄瑄開始變得有些不一樣，不再像以前一樣總有講不完的話，反而感覺沒什麼活力、話變少了，也不那麼常笑了。瑤瑤心裡猜想，可能是因為最近瑄瑄與男友之間的關係變淡了的緣故。自從瑄瑄的男友去當兵後，兩人之間一直爭吵不斷，最近關係更是降到了冰點；雖是如此，但瑤瑤心裡仍不免納悶：以自己對瑄瑄的瞭解，瑄瑄不是那種會因為與男友關係不好就讓自己一直陷在低落情緒的人。於是，仍常會關心的詢問瑄瑄：「是不是發生了什麼事？」無奈，瑄瑄總會打起精神回說：「沒什麼事啊！你想太多了啦！」

其實，瑄瑄心裡覺得難受的原因與瑤瑤有關，因此才會不知道怎麼跟瑤瑤說。原來，上個月瑄瑄回家時，與父母親討論到大學畢業後的打算，瑄瑄興高采烈的向父母表示已與瑤瑤計

畫好要一起創業的目標，但父母聽了之後並不支持，反而希望瑄瑄可以準備考公職，找一個穩定的鐵飯碗。儘管瑄瑄不斷與父母溝通，卻很難說服他們，因此，心裡才一直為這件事情苦惱，卻又不敢跟瑤瑤說，畢竟這是她們一起約定好的目標。瑄瑄在心裡擔心著瑤瑤知道後的反應，也不想冒著這段友誼可能因而變質的風險。

　　瑄瑄心裡覺得很困擾，也很無助，左思右想，不知道可以跟誰討論心裡的煩悶與困惑；一直以來，有什麼事總會跟瑤瑤說，兩人之間沒什麼祕密，但這件事情，瑄瑄心裡就是覺得不能讓瑤瑤知道。雖然明白瑤瑤也很擔心自己，但還是決定還沒想好怎麼跟瑤瑤說之前，寧可先不說。

　　就在瑄瑄心裡不知所措的時候，突然想起以前曾聽過一個諮商中心老師的演講，也記得老師曾說過，有什麼想找人聊聊或討論的事情，都可以去找她；於是，心想：老師或許是可以聽自己說話、跟自己討論的人。這麼想的同時，瑄瑄決定走一趟諮商中心，但心裡對於要找老師聊聊仍有些疑惑：**雖然老師說過有什麼想談的都可以，但一次是不是只能談一個問題呢？如果談過之後，還是覺得有疑惑，那已經談過的問題可以重複再談嗎？**

【聽聽心理師怎麼說】

　　瑄瑄，可以感覺到你很珍惜與瑤瑤之間的友誼，也很看重你們的約定，所以心裡才會感到如此困擾。很高興，你幫自己找到資源，想到可以到諮商中心跟心理師聊聊。

　　其實跟心理師的談話，只要是任何你想談的，心理師都會很願意陪你一起討論；況且，在我們的生活中，會讓我們感到困擾的，通常也不會只有單單一個問題而已，可能因為牽涉不同的人或事，而產生多重的困擾，因此，在一次的諮商中，並不限定只能談一個問題。通常在諮商初始，心理師會詢問你：有哪些想談的議題？打算從哪個議題先談？這些議題可能彼此之間有相關，也可能沒有多大關係。舉例來說：你想談的議題可能包括了自己的生涯方向、與父母親之間的溝通、人際關係，或者是情感維繫等等，這些議題可能彼此相關，所以在一次的晤談過程中都有被帶出來的可能。因此，在諮商中，你可以從你最想談的主題開始，若想到其他相關的主題自然也會提到，並不需要特別去限定一次只能談一個問題；而心理師在這過程中，會協助你將這些議題好好做整理。

　　另外，同樣的問題即使談過了，還是可以重複提出來談的。因為隨著諮商的進行，你對同一個問題的看法可能也會有所改變；或者，也許那時候感覺這個問題談到這裡已經覺得可以了，但在不斷諮商的過程中，你可能會在某個時候想起了同

樣的問題，那都沒關係！你都可以開放的提出來討論，因為那就是你所覺察到的，所以，你可以試著相信自己，也試著開放自己。諮商就是在一個很安全、很自在的空間和時間內進行，對於談話的內容沒有那麼多的限制，也沒有那麼多的可以或不可以，就只是好好的與當下的自己同在，即使同樣的問題又出現了，那就讓它有機會在諮商中被討論吧！心理師都會很願意好好陪伴你再次去經歷、去探索的。

　　瑄瑄，在瞭解了你對於諮商內容的困惑之後，你可以試著放下對於諮商是不是一定要如何的擔心，就只是在過程中，好好的學習與自己在一起，好好的去感受自己的內在；而心理師在過程中也一定會樂於陪伴你探討任何你想討論的議題。

參考資料

臺灣輔導與諮商學會諮商專業倫理守則（詳見附錄三）。

Chapter 4

與心理師共舞

▼▼

進行方式篇

故事一

志明跟春嬌是同班同學，剛上大一沒多久，兩個人就決定成為男女朋友。志明喜歡春嬌總是願意傾聽自己的聲音，講話柔柔的、慢慢的，聽起來就是很舒服，個性有點迷糊很可愛，志明覺得春嬌是班上最懂自己的人；春嬌喜歡志明有主見，做事有條理，很照顧自己，時常幫自己做最好的決定，而且當班代又當籃球隊長總是可以把大大小小的事情處理的很完美，非常細心、負責，做事很有效率。

一個學期之後，志明發現春嬌有時候講話太慢了！有時候只是一點點小事，春嬌也要想很久，柔柔的聲音聽久，有一點膩！最誇張的一次是，請春嬌幫自己繳作業，春嬌居然忘記了！問她「到底發生了什麼事情？」春嬌回答：「我也不知道耶！」春嬌也發現志明有時候跟自己講話的態度很兇，會用命令的口氣叫自己做事情，每次講話都講很快，還沒聽清楚就問「聽懂了沒？」，讓春嬌每次都很緊張，只好回答：「不知道」，然後志明就更生氣了！最嚴重的一次是志明很生氣，抓著春嬌的手臂用力的搖晃，回到家發現手臂都瘀青了！志明事後一直道歉，說自己真的是很後悔。春嬌不知道該怎麼辦，知道志明不是故意的，但又覺得怪怪的！

春嬌不敢跟別人講，怕告訴父母，父母會擔心，也怕父

母對志明有壞印象！怕跟導師或同班同學講，好像對志明不太好，因為志明在大家眼中是很負責的班代，這樣好像會破壞他的形象。這一件事情春嬌只有偷偷跟高中死黨秋月講，秋月說志明這樣是「暴力情人」，叫春嬌快點跟志明分手，新聞上都說這樣的男朋友不好，春嬌知道秋月是關心自己，但是春嬌不想要分手，想到要分手就想哭，又不敢跟秋月講……。

心想可以去諮商中心找老師聊聊嗎？春嬌不想要分手，只是希望志明不要有暴力行為，那志明可以一起到諮商中心嗎？春嬌又想到，志明總說自己講話辭不達意，老師會不會也跟志明一樣希望自己說話清楚一點？對了！還是找秋月一起去談，反正秋月都知道所有的事情，而且從秋月的角度來說明，老師搞不好可以聽得更清楚？何況找一個人陪自己一起去，壯壯膽好像比較安心！只是如果決定到諮商中心去晤談，要像醫院一樣先掛號或預約嗎？還是馬上就可以談？

【聽聽心理師怎麼說】

春嬌，我想你一定很重視跟志明的關係，所以希望能夠邀請志明一起進入晤談。情侶一同到諮商中心找心理師，我們稱呼為「伴侶諮商」，當然可以邀請志明一起來諮商，不過前提是志明同意跟你一起來才可以！有時候情感關係之中，通常是兩個人互動上出現了一點問題，例如：一方情緒激動時難以控

制自己的行為，另一方又持續說出刺激性的語言或行為，就可能讓關係愈來愈不好，因此可以透過兩個人同一個時間跟心理師晤談瞭解互動時發生了什麼事情，雙方做了什麼，未來可以怎麼調整讓情緒得以緩和，雙方建立更適切的互動方式。

　　另外，春嬌也擔心心理師會跟志明一樣覺得自己表達辭不達意，所以想找好朋友秋月一起進入晤談，希望秋月可以幫自己更清楚的描述跟志明之間的問題，或者一起壯壯膽也好。確實，第一次跟陌生人講自己的事情，會有些擔心，再加上你對自己的表達方式沒有信心，所以認為秋月會講的比較好，但其實你才是被問題困擾著的人，可能你覺得很困擾、很為難，秋月只覺得有一點困擾，這樣表達出來的態度跟方式就會不太一樣。在諮商中心很多人都跟你有一樣的想法，會找好朋友或者是父母當自己的代言人，或者單純想找人壯壯膽。通常在第一次見面時（**初次晤談**）心理師會考量到第一次面對陌生人與陌生環境，如果有人陪伴會比較安心，因此多數時候會同意讓好朋友或者是父母一起進入晤談室，但接續的每次晤談仍舊希望是單獨跟個案談，因為當晤談的時間愈來愈久，往往會談到更深層的部分，而這部分就不見得是個案原本以為可以讓好朋友或父母知道的；再者，如果讓好朋友或是父母一直當代言人，也許意味著個案無法承擔自己原本應該學習的能力或責任，也可能這就是困擾所在。

而提到志明老說你辭不達意的表達方式，讓你會擔心心理師的反應部分。事實上，在個別晤談時，心理師會跟著個案的步調一同共舞，例如：講話慢一些，需要多一些時間思考的個案，心理師會給予足夠的時間跟空間，或者透過一些媒材，例如：牌卡、畫畫等等方式，協助個案逐步的覺察並表達出自己想說的話。畢竟諮商跟聊天不一樣，諮商會談到自己平常比較不會常常想到的部分，覺察自己比較內心深處的東西，本來就需要比平常多一點的時間思考，所以春嬌可以放心，心理師不會如同志明一樣不給你思考的時間，頻頻催促你說話。

至於決定要預約諮商後，不需要像就醫一樣拿健保卡掛號，但多數的諮商中心會有一個稱作「初談」的程序，這個步驟就像是看醫生先掛號一樣。第一次進入諮商中心時，心理師（或實習心理師）會請你填寫一個基本資料表，通常會稱呼為「晤談／諮商申請表」或「初談單」，內容會包含：基本的學籍資料、聯絡方式、緊急聯絡人、來談主題等等。這張單子是固定的行政程序，目的是透過這份表格來瞭解你的基本資料，而填寫完這份表單，這位心理師也會簡短的瞭解你想要來談的問題，並且幫你預約一個你可以、諮商老師也可以的時間，通常是一堂課 50 分鐘。

初談時也會請你閱讀一份「個別晤談同意書」（參考附錄四），這份同意書就如同玩一個遊戲必須先瞭解遊戲規則一

樣，通常遊戲規則說的愈清楚，遊戲就會玩的愈順利！也就是透過同意書的說明，瞭解諮商原則能夠讓諮商進行的更順利。若在閱讀「個別晤談同意書」時有任何的疑問，也可以馬上詢問心理師，這是你的權益，認真閱讀之後，如果沒有問題就可以簽下你的大名，初談程序就大功告成了。

　　一般來說，初談時間約莫是 15-30 分鐘，會視不同諮商中心，所欲蒐集資料的差異而定。討論的問題若是非常緊急且攸關生命的，我們視為危機事件處理，時間會較長；若你覺得初談時間太短，你想討論的是一段很長的故事，沒有急迫性的，那也可以簡單先說明一個會談主題，例如：性別議題、學習困擾或人際關係，等預約到一個完整 50 分鐘的時段，你再跟心理師多做說明。

　　每個人到一個不熟悉的環境，本來就會有些擔心，況且到諮商中心通常討論的議題都不是那麼開心的事情，或者是自己脆弱的部分，要把自己的事情跟陌生人分享，需要鼓起很大的勇氣。春嬌，你已經跨出第一步了！給自己一個改變的機會，加油！

諮商小補帖

諮商形式：

1. **個別諮商**：最常見的諮商方式，指一位助人者與一位求助者，以一對一的方式，透過口語及非口語的溝通來進行諮商。

2. **伴侶／婚姻諮商**：是指有伴侶關係的兩個人，包含：有法律上的婚姻關係、男女朋友或同志情侶，在雙方的同意之下，願意一起與心理師晤談。

3. **團體諮商**：是指一群人（通常是 8-12 位）在六至十五次左右（每次約 2 個小時）的聚會時間內，一起針對某一個主題，在心理師帶領下進行交流與互動的學習。在每次的團體聚會中，成員之間可以互相分享與學習，建立凝聚力與同在一起的感覺，是屬於人和人之間的交流學習。

4. **家族諮商**：是指同一家人一起進行諮商，針對整個家庭或某個家人所呈現的困擾，透過成員間的互動過程進行討論與修正，目的在於改善家庭關係。

故事二

　　正傑是一個不多話的人，在家裡時常聽到媽媽跟妹妹天南地北的聊，聊學校發生的事情、聊韓劇、聊男朋友，好像總有聊不完的話題，而自己則是跟爸爸一樣在旁邊聽或是獨自做自己的事情，偶爾還覺得媽媽跟妹妹很吵，會默默的走回房間關上門，上網看論壇或線上漫畫。媽媽總是說正傑話太少、不擅言詞，將來出社會工作會吃虧，正傑只是聽聽而已，從不放在心上，認為只要有能力就不怕沒工作。在學校裡，正傑話也不多，雖然沒有太多好朋友，但跟室友感情還可以，偶爾會一起吃飯或打打遊戲，只是跟班上同學除了課業上的交集之外，下課之後顯少聯繫。

　　大四之前，正傑都覺得自己一個人做事很好，有時候分組作業遇到不負責任的人反而會覺得麻煩，每年選課的時候都會特別避開要分組討論或做報告的課程。正傑在追求學業成就與一絲不苟的個性之下，課業方面從不令人擔心，可以一個人完成的事情，正傑都不假手於他人。最近，在準備大四的專題課，這門課的教授規定要六個人一組，正傑因為跟班上同學都不太熟，也沒有主動找分組夥伴，因此在老師的安排之下遞補到一個缺人的組別，這時正傑感覺到自己跟同學真的有些距離。

　　一開始，大家都還不太熟悉，因為正傑成績還不錯，自然

而然的被推選為組長，正傑也就欣然的接受了這樣的任務，心
想偶爾為同學付出也挺好的。但是，幾次的討論之後，發現討
論的時間，同組成員常常遲到或者臨時不來，分配下去的作業
也總是草草了事或遲交。讓負責統整的正傑必須花很多時間修
改，甚至開始缺課，只為了讓報告更好。有一次上臺報告，正
傑把自己負責的部分報告完，其他成員上臺報告的零零落落，
結束之後，老師當場訓斥了小組一頓，正傑覺得很委屈也很丟
臉，覺得做專題好累好累。接續的幾天，正傑不知道什麼原因
一直覺得胸悶、喘不過氣，每天熬夜就希望可以把專題做好，
但又力不從心，不像以前那樣專注在課業上，覺得很乏味、無
趣。同組的同學好像事不關己一樣，照樣玩社團、談戀愛，還
說：「大不了被當啊！我又沒差。」

　　正傑心裡對同學生氣，覺得不甘心，但又不知道要跟誰
講？想到室友在諮商中心當工讀生，每次在寢室裡都聽他說諮
商中心裡好玩、有趣的事情，老師好像蠻好相處的，但想到去
跟那裡的老師聊天是一對一的，自己不多話可以去找老師嗎？

【聽聽心理師怎麼說】

　　正傑，這段時間你應該很難熬吧！很想認真的在大四重要
的一門課程——專題研究投注心力，因此每天熬夜想要把專題
做好，然而，同組成員不幫忙就算了，甚至還一副事不關己的

樣子，你不僅要做好自己的事情，還要面對同學這樣不認真的態度，著實令人感覺憤怒！另一方面，也擔心著自己不多話，是否適合到諮商中心找老師聊聊？

　　正傑，你不孤單，我想你的疑問是很多大三、大四同學都會遇到的。先說專題部分，專題對大部分的科系來說，都是一門不容易的課程，因此需要一群夥伴互相腦力激盪、截長補短一同來完成，然而在合作的過程當中，每一位成員都來自於不同的家庭背景、每個人的所學知識不同、做事情的態度也不同，因此要合作不免有些摩擦，如果要降低這些摩擦，成員之間如何溝通就很重要，用悶著不講的方式可能會造成成員間的冷漠；直接大剌剌的直說可能會傷到人；這是人生重要的溝通課題，是需要多花一點時間來思考的。

　　如果你願意來諮商中心，對於課業夥伴之間的互動有進一步的探索，心理師會針對你想討論的內容多一些的理解與詢問，這樣的諮商跟一般的聊天是不同的，一般聊天沒有特別的目標，純粹漫談，是一種聯絡感情的方式，諮商是有目標、有方向的，若你能認真投入，真心的想要調整自己，其實大可不必擔心不多話的性格。而且，即便是不多話的個案，心理師也會透過許多藝術媒材來協助個案做探索，例如：你提及對專題同學的情緒，卻不知道怎麼用言語來表達，也許心理師會拿出情緒卡讓你挑出對於同學的情緒，除了生氣、憤怒，這些大部

分的人能夠說出來的情緒之外，可能還會選無奈、委屈、失望、孤單，此時，心理師可以根據這些卡片，進一步的探問這些情緒是來自於哪些事件？這些情緒是否連結了過去經驗？也許你會發現原來在生氣跟憤怒的背後是對同組成員期待的落空，或是原來長期喜歡自己一個人是因為一個人獨來獨往比較不會有這些情緒，這些情緒讓人很痛苦、無法承受。另外，除了情緒卡、愛情卡、漣漪卡等等字卡之外，還有很多各式各樣的投射牌卡（沒有文字僅有圖樣），透過各式各樣的卡片可以引發許多的討論，可能是從來沒有想過的新覺察或是好像知道但是不太想去面對的部分。

有些心理師也會透過請個案繪畫來理解個案無法用口語所表達的部分。繪畫是一個媒介，一個具體的意象，有時候把內在的想法化為具體意象時，往往就會有不一樣的發現。其實，藝術本身就具有治療的能量，是一種自我發現、一種自我與外在世界溝通的管道，創作的過程就是一個治療的過程。此外，許多研究也顯示心理師與個案之間的關係，是所有成功治療的關鍵因素，個案願意把內在的苦難或困擾宣洩出來，心理師的傾聽、支持、陪伴就具備治療效果。因此，只要你願意走進諮商中心，就是讓自己變得更好的第一步。

諮商小補帖

多元諮商方式介紹：

一般來說，最常見的個別諮商是口語諮商，透過雙方語言的表達跟互動來達到諮商的效果，但現在有許多心理師除了口語之外，會使用許多媒材來讓諮商過程更流暢。例如：

1. **藝術治療**：運用藝術創作歷程，協助個案增進生理、心理、及情緒健康。藝術治療的基本信念認為創作歷程涉及藝術性的自我表達，提供非口語的表達及藝術經驗，讓個案較為放鬆並增加自我覺察的能力，探索個人的困擾與潛能，助其解決衝突和問題。諮商過程中，心理師邀請個案透過各種視覺藝術（素描、彩繪、牌卡等藝術形式）來達到其治療目標（陸雅青，民 88）。

2. **園藝治療**：透過園藝、農藝等相關活動參與，在自然環境中或園藝活動，以植物為媒介，透過栽種或活動參與，讓人與自然界、植物界產生心靈對話，並對於身體面、心理面有療癒效益（沈瑞琳，民 99）。

3. **舞蹈治療**：是透過「身體動作」作為一種「改變」媒介的心理治療。藉由身體動作的擴展和體會，進而對自我有更深的瞭解。從動作經驗中所產生的影響與改變，並非改變身體外在的樣子（如變瘦、脊椎變挺直等）或改變個人的

身體狀況（如變得健康、不再失眠等），而是由行動中學習察覺自我，體會動作的變化性與發展性所帶來的新經驗和自由自在的聯想，藉由身體動作的實踐去感受各種可能性（李宗芹，民 90）。

4. **音樂治療**：是利用音樂去達到治療的目標，包括了重建、維持及促進心理和生理的健康，音樂治療師針對個人的特殊情況設計音樂治療計畫，利用各類音樂活動如歌詠、樂器彈奏、節奏訓練、音樂遊戲、音樂聆聽及即興彈奏等，結合心理學的運用來幫助有需要的人。

5. **催眠治療**：任何自發或他人誘導進入潛意識狀態的技術與現象皆可稱之為「催眠」。催眠治療是指經由受過專業催眠訓練的心理師／催眠師引導，協助個案從原本由意識主導的大腦進入潛意識狀態，讓身心放鬆，較容易接受外來的暗示或建議（徐大智、陳慕純，民 97）。

6. **心理劇**：透過特殊的戲劇形式，讓個案扮演某種角色，以某種心理衝突情景下的自發表演為主，將心理衝突和情緒問題逐漸呈現在舞臺上，以宣洩情緒、消除內心壓力和自卑感，增強個案適應環境和克服危機的能力。心理劇能幫助個案在演出中重新體驗自己的思想、情緒、夢境及人際關係，伴隨劇情的發展，在安全的氛圍中，探索、釋放、覺察和分享內在自我。

故事三

　　佳龍是一個資訊系一年級的同學，最近收到成績預警通知，有超過二分之一的學分不及格，而遠在外地的父母也收到通知。還記得一年前考進都市裡的大學，在鄉下村子裡是件大事，鄰居、親戚祝福的聲音依稀還環繞在耳邊，結果不到一年的時間就變成父母的叨唸跟責備。其實佳龍心裡是愧疚的，知道父母賺錢供自己讀書，自己卻不能做好學生該做的事情，愈愧疚就愈不敢面對父母，假日同學回家，自己就待在宿舍玩線上遊戲或看論壇，連父母打電話來關心問候，也是草草收線。

　　大一上學期時，第一次離家到外地念書感覺很新鮮，沒有父母跟高中導師在身邊的日子很自由自在，天氣太冷、下大雨或睡過頭缺幾堂課好像也不會怎麼樣，幾門課上課很無聊，就跟女網友聊天聊到懶得上課。一年級上學期，佳龍的成績就不太好，有兩門必修課被預警，但父母念在佳龍剛上大學就願意再給一次機會，當時佳龍也承諾會好好念書，預警之後就開始花比較多時間在這兩門必修課上，最後成績是低空飛過。這學期佳龍都沒有缺課，卻愈來愈聽不懂老師在說什麼，每次都希望自己打起精神來聽課，但聽著聽著就夢周公去了；尤其程式設計的課程好像鴨子聽雷，自己想要問同學問題都不知道從何問起，班上有幾個同學超強的，好像不費吹灰之力就設計出來

了。佳龍開始覺得自己是不是一個很差、很笨的人，花了很多時間在做作業跟準備考試，還是被預警，想說與其被二一，乾脆休學算了！又想到休學回家一定會讓父母蒙羞，自己又愧咎又自責……。

　　想起當初高中選填志願的時候，因遠房的堂哥資訊系畢業在竹科找到工作，才工作三年就幫堂叔買了一幢透天厝，所以父母就說如果不知道填什麼就填資訊系。而且，佳龍也喜歡玩電腦，除了上上網、玩遊戲之外，也會自己組裝電腦，有時候街坊鄰居電腦壞了，都是佳龍在幫忙修理，所以選填志願的時候，佳龍想也不想的就填了一整排資訊相關科系。上了大學發現資訊系念的跟自己想像的很不一樣，雖然一樣是接觸電腦，但多了很多程式設計的東西。身邊的同學也都埋首在電腦玩線上遊戲，以前想像的可以跟同學去遍所有把妹的景點或夜衝、夜保、夜唱瘋狂的大學生活，同學們好像都興致缺缺，久而久之自己除了課業之外，也就不太跟同學聯繫了。

　　又收到預警通知，佳龍很沮喪不知道念大學要幹嘛？自己的未來在哪裡？一次偶然的機會在路上遇到系上教官，教官問起佳龍是否收到預警通知並關心近況，佳龍簡單說明之後，教官就帶著佳龍來到諮商中心，佳龍心裡想**「諮商中心不就是聊天嗎？會對我有幫助嗎？」**

【聽聽心理師怎麼說】

佳龍，諮商中心不僅只是一對一晤談喔！我們還有一些心理測驗工具可以幫助你更認識你自己。這裡的測驗不是坊間或網路上的測驗，而是一群研究者經過標準化程序而設計出來的問卷。

看起來你對於選擇資訊系產生了懷疑，高中時候對資訊系的認識僅止於接觸電腦、可以找到一份薪水不錯的工作，再加上家人的鼓勵支持之下就順水推舟選了資訊系，好像沒有真的對資訊系有較多的瞭解，等到真的開始念起資訊系專業必修科目才發現力不從心、鴨子聽雷。在諮商中心我們有「生涯興趣量表」可以幫你找到你的興趣傾向，然而興趣傾向只是提供你一個方向，把這樣的結果跟你自己過去的經驗以及未來的期待一起討論，也許就可以描繪出一個更好的未來輪廓。再者，你也提及因為對父母的愧咎選擇逃避、跟同學的格格不入選擇放棄聯繫，這部分也有人格方面的心理測驗工具，可以幫你瞭解自己在人際互動上的因應方式，進一步跟心理師討論這樣的互動方式在人際或家人之間的影響。

不知道佳龍還有沒有印象，大一剛入學的時候也有做過有關於焦慮跟憂鬱的情緒量表檢測，那也是一種心理測驗工具，可以測出新生剛入學時的情緒狀況，並適時的提供心理協助。所以，心理測驗工具有很多種類，有不同的目的跟實施方式，

但宗旨就是要讓你更瞭解你自己，並適時的做出調整或改變，讓你的生活更滿意。

　　恭喜佳龍，教官已經帶著你來開啓一段不一樣的旅程，祝福你可以找到你想要的大學生活。

諮商小補帖

　　心理測驗：心理測驗是要幫助您瞭解自己在職業興趣、性格、行為風格、讀書方法等所呈現的風貌。因此，審慎選擇符合自己需求的測驗，事後經由心理師解釋測驗結果是很重要的。心理師會從專業的角度作客觀的分析與解說，使你更深入認識內在自我，有效掌握自己的生活藍圖。目前在校園裡較常見的測驗有以下幾類：

1. **生涯測驗**：瞭解自己的潛在能力、態度、價值觀，以選擇最適合的科系或職業。例如：生涯興趣量表、生涯信念檢核表、工作價值觀量表。

2. **人際／情緒測驗**：瞭解自己的個性、情緒穩定度、特質、人際互動狀態。例如：人際行為量表、曾氏心理量表、賴氏人格量表、大學生生活適應量表。

3. **學習測驗**：瞭解自己的學習風格與讀書策略，例如：大學生學習與讀書策略量表。

參考資料

沈瑞琳（民 99），綠色療癒力。臺北：城邦。

陸雅青（民 88），藝術治療：繪畫詮釋——從美術進入孩子的
　　心靈世界（第二版）。臺北：心理。

李宗芹（民 90），傾聽身體之歌——舞蹈治療的發展與內涵。
　　臺北：心靈工坊。

徐大智、陳慕純（民 97），意象催眠新境界。臺北：元氣齋。

Chapter 5

「噓，不能說的祕密」
>> 諮商中的保密與例外篇

故事一

外表陽光帥氣、課業表現相當優秀的書豪，在班上擔任過好幾屆的班代，目前也是現任系籃隊長，一直以來都是大家眼中的開心果，更是班上許多科目的「小老師」，只要同學有任何的問題，舉凡心情不好、功課不會、筆記沒抄到，只要找他幫忙，全部都可以解決，班上都稱書豪叫「萬事通達人」。

只是沒有人知道書豪長期面對父母感情不睦，家裡總是三天一小吵，五天一大吵，書豪常常必須要面對「選邊站」的為難困境，令書豪相當的痛苦，但又因身為家中長子，書豪覺得自己有責任要擔任父母的溝通橋梁，也不願讓年幼的弟妹擔心，所以總是選擇壓抑情緒，但最近父母的衝突愈來愈激烈，甚至決定要離婚，硬要書豪與弟妹選擇未來要與爸爸還是媽媽生活？不希望家庭破裂的書豪覺得好痛苦，而這長久以來累積的壓力，滿載的情緒已達崩潰邊緣，書豪腦海裡第一次出現了想死的念頭，這樣的念頭令書豪很不安，很想找人談談，卻又不知道如何跟同學、好朋友談這些事，很怕別人會擔心自己，也很怕別人會用異樣的眼光看自己，更怕自己長久建立的形象就此破滅。

書豪想起學校的諮商中心，曾聽過導師介紹那邊有專業的心理師可以聊聊，但心裡頭卻感到許多不安，像是**「我來這邊**

尋求諮商，會被人知道嗎？」、「來這邊諮商，什麼都可以談嗎？如果我談到想死的事情，心理師會不會告訴我的老師或父母呢？」、「我所談的東西會被留作紀錄嗎？」。

即便心中充滿許多疑問，但是書豪知道自己必須解決自己的問題，幾經掙扎後，書豪終於走進了諮商中心。就在見到心理師之際，懷著緊張不安的書豪向心理師道出心中的擔憂……。

【聽聽心理師怎麼說】

書豪，你知道嗎？其實任何人都不願自己的私密會被大家知道，更何況像是你從沒跟他人談起這些事情，一直這麼努力的在大家面前表現「我很好」的樣子，對你來說要使用諮商這樣的資源，真的是很大很大的挑戰，但我相信你也發現了，這件事已經明顯的困擾著你，尤其腦海中不自覺冒出了想死的念頭，讓你很不安，很高興你鼓起了勇氣，做了一個與過去不一樣的選擇，願意嘗試找人幫忙。

關於你提到的，會不會有人知道你來晤談這個問題，的確，當你總是靠自己解決生命中的難題，從不讓人為你擔心與掛意，第一次要找諮商資源來幫助自己，可能會在腦海中冒出「我是不是生病了」、「我是不是有問題」，「如果大家知道怎麼辦？」、「他們會如何看我？」但，請你試著放心，心理

師有法律的責任與倫理的義務為你保密。

　　但，有時候心理師會有一些限制，也就是保密的例外，在法律的規定與倫理的守則下，更甚至是對「生命」的看重原則下，當心理師評估一個人有高度生命危險時，不論是對自己或者是對他人，心理師都得採取必要的處理措施，將「生命安全」視為最高處理原則，以確保生命得以延續。像在學校，心理師發現個案若有高度生命危險性時，會與之討論如何確保生命的安全，並在個案知悉的情況下，通知家長、導師、教官或是親近的同學好友，為的就是建立起安全的網絡，確保生命的延續。

　　還記得當你腦海中冒出了想死的念頭，心裡頭的感覺是什麼嗎？其實有好多人會出現想死的念頭，大部分都是遇到了一些很難解決的問題，心裡頭感受到的痛苦太大太大，認為只有死才能解決這所有的問題。但我想你願意找人談談，嘗試用不一樣的方式幫助自己，一定是你並不想要放棄自己，很高興你在這麼艱難的狀態中，還這麼努力的幫助自己。

　　此外，若是涉及法律相關要求事項，如性侵害事件而受到法律來文請心理師提供相關諮商紀錄，以瞭解個案的心理狀況時，心理師亦將與個案討論過後，提供相關資訊以密件方式正式發函回覆。

　　至於，你提到的「我談的東西會被留作紀錄嗎？」，似

乎對於紀錄這件事有些擔心，不知道你是怎麼想「紀錄」這件事？很多人也有跟你一樣的擔心，就怕紀錄會「留底」，就好像是被人知道就有可能被「貼上標籤」。其實，除了剛剛提到心理師有責任義務要為你保密，就連撰寫的紀錄也是得採取嚴格的保密措施，任何人都無法取得你的紀錄，也許你會很好奇，那為什麼要做紀錄？

　　心理師做紀錄為的是能夠記錄晤談過程的重點事項，以簡單明瞭的方式做紀錄，除了可以更加深入的理解你的狀態，也可以作為心理師對你的瞭解參考。而，這樣的紀錄會在十年後銷毀。保存這麼久的原因是因為有些個案，可能會涉及到法律的要求（例如性騷擾、性侵害、家暴……等，法院需要調資料，而提供相關簡要的摘要），但一般來說，紀錄僅存放在嚴謹的保存空間，還請你放心。

諮商小補帖

1.　心理師的保密責任

　　心理師法第 17 條即明文規定「心理師或其執業機構之人員，對於因業務而知悉或持有個案之祕密，不得無故洩漏。」違反則處新臺幣 3 萬元以上 15 萬元以下罰鍰。另，臺灣輔導與諮商學會諮商專業倫理守則亦提及「基於個案的隱私權，個案有權要求諮商師為其保密，諮商師也有責

任為其保守諮商機密。」不論在法律或者是專業倫理的規範中，心理師對使用諮商服務的人是具有保密的責任，為的就是令使用諮商服務的人能感到安心。

2. **心理師的保密例外**

　　然而，談到了自殺的議題，亦牽涉到「保密的例外」。而究竟什麼為「保密的例外」，臺灣輔導與諮商學會諮商專業倫理守則特別針對保密的特殊情況做以下說明：

（1）隱私權為個案所有，個案有權親身或透過法律代表而決定放棄。

（2）保密的例外：在涉及有緊急的危險性，危及個案或其他第三者。

（3）諮商師負有預警責任時（註1）。

（4）法律的規定。

（5）個案有致命危險的傳染疾病等。

（6）評估個案有自殺危險時。

（7）個案涉及刑案時等。

　　心理師又受到相關法律的規範，有預警的責任，而在某些議題中需要將生命安全視為比保密更重要的處理考

註1：性侵害犯罪防治法（民國94年2月5日修正）第8條，醫事人員、社工人員、教育人員、保育人員、警察人員、勞政人員，於執行職務知有疑似性侵害犯罪情事者，應立即向當地直轄市、縣（市）主管機關通報，至遲不得超過二十四小時。通報之方式及內容，由中央主管機關定之。前項通報內容、通報人之姓名、住居所及其他足資識別其身分之資訊，除法律另有規定外，應予保密。

量。例如：評估個案有自殺或傷人危險時、或個案所談議題涉及法律相關要求事項（性侵害相關事件），心理師都必須打破保密原則，在與個案討論過後提供相關資料。牛格正（民 85）認為心理師需要與個案充分討論，並告知個案心理師有預警的法律責任，必要時通知相關的機構與人士（警察、權責人員及可能的受害者），絕不可忽視其潛在之危險性而置之不理，造成對個案或第三者的傷害，並使心理師面臨倫理與法律上的控訴。

3. 諮商紀錄的保存

　　個案所談的內容，心理師將會作成紀錄，除了記錄晤談歷程，也可幫助心理師統整個案的情況，而心理師法第 15 條也規定「心理師執行業務時，應製作紀錄，並載明下列事項：一、個案當事人之姓名、性別、出生年月日、國民身分證統一編號及地址。二、執行臨床心理或諮商心理業務之情形及日期。 三、其他依規定應載明之事項。」心理師有責任對個案所談內容進行記錄。

　　心理師法第 25 條「心理治療所或心理諮商所對於執行業務之紀錄及醫師開具之診斷、照會或醫囑，應妥為保管，並至少保存十年。」因此，心理師所撰寫的紀錄，也會受到謹慎的保密處理，並於十年後銷毀。除了保密例外情況，其餘人皆無法得知相關晤談內容。

故事二

　　童樺，是個身材高挑的女生，身處在一群嬌小的女生同學中，常常顯得非常的引人注目，又因為她活潑開朗又友善的個性，還有笑起來兩頰展露的小酒窩，更吸引了不分男女的同學們喜歡與她接觸互動，一直以來童樺也與大家相處得很好。

　　就在升上大三的同時，不知怎麼了，童樺與以前不太一樣，有些悶悶不樂，總是心事重重，同學們問她發生什麼事，她只是連忙說：「沒事，大家不用擔心。」然後感覺是硬撐起了笑容回答大家，看她這個樣子，同學更是擔心，尤其是跟童樺一起在外租屋的室友小禎還觀察到她最近不自覺地會刻意與自己保持距離，沒有以前熱絡的相處互動，有時還躲在房間裡默默掉眼淚。小禎很擔心，又與幾位好同學們討論後，雖然關心童樺，卻不知該怎麼辦？

　　焦急的同學只好找上平常很關心班上同學的導師──郝觀欣老師，郝老師知道後非常的關心童樺，也找來童樺聊聊，童樺也只是一直搖搖頭說沒事，但卻一直掉眼淚，郝老師安慰著童樺，也鼓勵她嘗試找人談談，諮商中心的心理師或許是個不錯的選擇，希望能幫她轉介到諮商中心，沒想到童樺也願意找人談談。

　　懷著忐忑不安的心情，童樺走進了諮商室，在心理師同理與傾聽下，童樺說出發現自己喜歡上自己的室友小禎，很害怕

被她知道，更擔心她會用異樣的眼光看自己，更擔心她自此之後再也不理自己了，於是只好刻意保持距離。就在說完了心中埋藏已久的祕密後，童樺有種鬆了一口氣的感覺，卻有些擔心的問心理師「**我的導師會知道我來談什麼嗎？**」、「**我的同學會知道我來這裡嗎？**」。

【聽聽心理師怎麼說】

　　童樺，謝謝你願意冒險告訴我有關你的祕密，一個人要守住這些祕密，面對別人的關心問候卻無法說明，真的蠻辛苦的，但很高興你願意嘗試找人談談，來幫助自己解決這樣的問題。關於你提到的導師會不會知道你來談什麼？或者擔心同學知道你來尋求諮商，可以感覺你確實很擔心，因為這是你努力隱藏的祕密，很怕被別人發現，但請你放心，你的導師與同學並不會知道你來這邊談了些什麼，心理師是有責任義務要幫你保密的（註：保密例外請見上面案例）。

　　只是因為你是由導師轉介過來，所以我會回覆導師你有來找我，細節的部分將為你保密，除非你自己想讓導師知道你的情況。若導師想要瞭解你的情況，我也會讓導師知道「保密」對於我們諮商互動的重要性，因為唯有你願意信任心理師，能夠安心的在諮商中說想說的話，諮商才能夠進行。而關於你想談的主題，我們可以一起來討論可以有多少的晤談時間進行。

故事三

鴻榮是在大一下剛開學的時候進到諮商中心尋求諮商服務，跟心理師的晤談也持續了快半年，在這晤談的期間，鴻榮主要探討的是家庭的親子溝通議題。

鴻榮出生在一個家境富裕的家庭，是家中的獨子，父親經營家中事業有聲有色，常常到海外出差無法陪伴鴻榮，但對鴻榮的期待也很高，媽媽則是全職的家庭主婦，全心全意的關照鴻榮的生活起居，常常幫他安排許多的才藝進修課程，更請了家教到家裡來幫助鴻榮課業上的學習。為了更瞭解鴻榮在學校的學習情況，媽媽也總是很積極的參與鴻榮學校的家長會活動，更隨時和老師保持良好的互動，也常常到班上送其他同學餅乾零食，為的是幫鴻榮交到更多的好朋友。

鴻榮一開始對於媽媽的行為並沒有太多想法，只是自從上了國高中之後，媽媽開始會告訴自己，哪些朋友可以來往，哪些朋友最好遠離，聽話的鴻榮照單全收，依著媽媽的安排交可以交的朋友，上可以上的課，做能做的事。直到上了大學，原本媽媽安排鴻榮選填家裡附近的大學就讀，但是一放榜，鴻榮卻考上了距離家裡好幾個縣市之遠的 A 大學，媽媽對此感到很緊張，但是鴻榮卻顯得有些高興，因為老早鴻榮就很想要脫離媽媽的掌控，希望能夠交自己想要交的朋友，去體驗嘗試不同

的生活，最重要的是想要「自由和獨立」。

　　但媽媽為了能常常看到鴻榮，限定鴻榮每週一定要回家才能夠拿到零用錢，一開始鴻榮覺得沒關係，至少一周有五天可以過自由的生活，但是媽媽每天照三餐打電話，讓鴻榮不堪其擾。鴻榮試著跟媽媽談，卻一直沒有效果，於是想起剛開學時諮商中心到班上來做的演講，為了想要爭取更多的獨立與自由，鴻榮到諮商中心找心理師。在心理師的陪伴下，鴻榮嘗試了一些方法與媽媽溝通，也讓媽媽知道自己正尋求諮商中心的心理師協助，為得就是想改善親子的互動，讓彼此都能夠好好相處。

　　媽媽一聽鴻榮與心理師晤談，又對於鴻榮上大學後的轉變感到困惑，為了弄清楚鴻榮的狀況，便開始打電話給和鴻榮晤談的心理師，希望能夠瞭解鴻榮與心理師究竟談了什麼，到底是什麼原因讓鴻榮想要跟自己保持距離？

【聽聽心理師怎麼說】

　　鴻榮的媽媽，您好，我想您一定很焦急不安，才會打這通電話，想要瞭解鴻榮的情況，想必您對於鴻榮上了大學後的轉變一定非常的困惑與不解，對於他想要爭取一些獨立的空間也一定有些失落，畢竟您從以前到現在是這麼的關心他，照料他生活的大小事務。

關於您想要瞭解鴻榮在晤談中所談的內容，很抱歉基於諮商的保密原則，無法提供您相關的內容，因為諮商關係中最重視的就是信任關係，當鴻榮愈能夠信任心理師時，愈能夠在諮商過程中談自己真實的感覺與想法，諮商也才能夠提供協助。如果您真的很好奇我們談了什麼，也請您可以直接詢問鴻榮，我也會讓鴻榮知道您有打電話來想要瞭解與關心他的情況，也會讓他知道我們之間的對話內容。

我想任何一個媽媽突然發現孩子要獨立，想要與父母保持一點距離，一定有很多的擔憂，害怕孩子受傷，但也許這是鴻榮目前的需要，需要用自己的方法認識新朋友，也需要用自己的方式探索新的環境，更需要機會練習獨立與負責。我想，只要您能在他嘗試獨立的過程中，讓他知道遇到困難可以找您幫忙，或在他需要的時候伸出援手，那麼他將更有機會學習如何照顧自己，也會知道要怎麼在需要的時候找您協助，而不是將您排除在外。或許，您也可以嘗試看看，先聽聽鴻榮想要說的話，讓他有機會表達自己想要說的話，也許更能改善你們之間的關係。

參考資料

心理師法（民國 90 年 11 月 21 日）（詳見附錄二）。

臺灣輔導與諮商學會諮商專業**倫理**守則（詳見附錄三）。

牛格正（民 85），諮商實務的挑戰——處理特殊個案的倫理問
　　題，臺北，張老師文化。

Chapter 6

看不到的距離

>>

諮商界限篇

故事一

敬騰與交往一年的女友分手了，一向開朗活潑的他，開始變得沉默，總想著自己是不是哪裡作錯了、是不是真的如她所說「你真是一點都不瞭解我」。

敬騰反覆的想著，什麼叫做瞭解一個女生？難道我們每天晚上通電話，說說彼此一天的生活、中午找時間一起吃飯、去圖書館幫她占位、演唱會時我先去排隊，這些不都是因為我「覺得」是她想要的，我這樣做她會覺得幸福？難道我真的錯了？

同學介紹了敬騰到諮商中心，與敬騰諮商的是一位年輕的女性心理師，每次敬騰都很認真的說著自己對這段感情結束的疑惑，敬騰發現他的心理師總是很專注的傾聽著，有時候一、兩句簡單的回應，都讓敬騰感覺到一種被很深的理解，這樣的經驗在敬騰的生命中很少感覺到，敬騰不禁在想，也許我真的如前女友所說，沒有認真去理解她在想什麼，只是努力想要做到我以為的幸福。想到這，敬騰又陷入一種內疚與自責。

敬騰突然在想，如果我可以學會怎麼去理解一個女生的心理，我是不是可以將她追回，或至少，我不會再重蹈覆轍。於是，每一次的諮商中，敬騰都很專心的注意著心理師的表情、動作，當發現心理師臉上流露出任何一絲不一樣的表情，敬騰就會立刻關心的詢問「你是不是覺得很累」、「你眼睛紅紅的，

怎麼啦」年輕的女性心理師，起初也會回答，但漸漸的也感覺有點不對勁，<u>敬騰</u>來諮商的焦點似乎轉移到心理師身上了。

　　那一天，<u>敬騰</u>依然準時的來到諮商室，談話中途，<u>敬騰</u>突然提出了一個請求「我可以跟妳在諮商時間之外，打電話約妳一起去喝個咖啡嗎？」、「我們是不是可以當作朋友一般，逛街看看電影？」「老師，那我可以加妳的臉書嗎？」心理師詢問了這請求背後的原因，<u>敬騰</u>表示來諮商之後，感覺自己有很大的成長，很感謝心理師的協助，陪他度過情傷。因此想要回饋心理師的善意，覺得心理師最近的氣色不怎麼好，希望心理師可以好好休息一下，同時，也想從心理師身上多瞭解一下女生的想法。

　　心理師客氣的婉拒了<u>敬騰</u>的邀約，也收下了這份關心的心意，但是在<u>敬騰</u>的心裡，有一點小小的遺憾，**為什麼心理師不接受我的邀請呢？雖然心理師拒絕的態度很客氣，可是<u>敬騰</u>心裡還是有點覺得不近人情。<u>敬騰</u>心想，為什麼不能跟心理師作朋友聊聊彼此的心事，有空一起逛街、喝咖啡呢？那如果不能出去喝咖啡，我也想從網路上知道心理師的近況啊？那到底有什麼事情可以跟心理師一起做？什麼事情不行？**

【聽聽心理師怎麼說】

　　<u>敬騰</u>，你希望跟中心的心理師可以像個朋友一般的互動、

聊天的心情，我可以理解，不僅可以跟心理師訴訴苦，也想要聽聽心理師的故事，盡自己一己之力，看能否也幫上心理師的忙，所以當被心理師婉拒時，心情想必有點沮喪吧！就讓我試著告訴你，心理師會拒絕的原因吧！

　　一般而言，求助者帶著問題進入諮商關係，焦點是在求助者的身上，心理師陪伴個案進行心理的探索，協助個案更加的瞭解自己。透過心理師同理、傾聽等技巧，讓求助者感覺到一種信任、溫暖的關係，在被瞭解下願意開放自己、探索自我。

　　當心理師與求助者有了諮商專業之外的關係時，求助者容易對心理師感到好奇，將焦點轉移到心理師身上，而對自己的問題可能會失去探索的興趣，或是藉由將問題轉移到心理師身上，可以逃開面對自己問題的難受。例如說：當你漸漸的透過諮商發現，過去的你也許太自以為是了，用你以為的幸福方式，強加在前女友身上，幫她排隊、幫她占位，看似為了她，但也是為了要展現你的君子風度，這些問題一一在諮商室中呈現出來時，你可能會覺得有點難受，覺得自己真的有點自私。所以想藉由與心理師的私下互動，再一次的想要證明你也許沒有那麼自大。於是，你也就從自己的問題中逃開了喔！

　　因此，心理師會盡量維持在諮商關係中的中立、客觀的立場，較不會去作私事的表露，除非有其必要性。避免求助者以心理師的私事作為自己處事的標準或原則，例如當你與心理

師成為朋友之後，也許會知道更多她的私人事情，如果你得知心理師與其男友的情事後，可能會說：「聽說妳跟妳男友也是分手後再一次的復合，那我是不是應該也要再去追一次！」追求的成敗責任突然就從你的身上轉移到心理師了，一旦復合不成，你的心中不免更加疑惑「為什麼心理師可以，我卻不行，難道心理師是騙我的……」，因此就忘了這個決定是自己下的，為什麼會下這決定？如何為自己的決定負責便不容易被討論。不知道這樣的說明，你可以理解嗎？因此，為了要讓你的諮商可以更順利、有效的進行，與你的心理師維持一種較單純的諮商關係會更好喔！

但是，你對心理師感謝的心意該如何的傳達？其實讓每一位來求助的個案獲得幫助，對自己的問題有更多的省思，創造自己人生更多的可能性是每位心理師開心看到的事情，在諮商關係結束之後，如果您還想對這段關係作些什麼，並表達對心理師的感謝，也許一張卡片、一句感謝的話語就已足夠了喔！

敬騰，我想在心理師的心裡，看見你有真實的成長與改變，將是她最開心的一件事情。換個角度想，這樣的諮商關係，不也是另一種溫暖的朋友關係，你說是嗎？

諮商小補帖

1. **諮商**（counseling）

　　諮商一詞可由以下兩個不同觀點來界定：(1) 諮商可視為輔導的歷程。持此觀點者，一般將諮商界定為：諮商是一種教育的或學習的歷程。(2) 諮商可視為心理治療的歷程。持此觀點者，一般將諮商界定為：諮商是一個再教育或習慣矯治的歷程。

2. **諮商關係**

　　諮商關係包括個案與諮商心理師兩個主體，是一種刻意營造的人際關係，不同於其他種類的人際關係，諮商關係的相互性係以個案的最佳權益為優先的考量。

　　諮商員的角色在於創造出一種氣氛，使個案能檢查其想法、感受與行為，最終並能找到一套對他最有利的解決之道。心理師的功能不在於說服當事人應採取哪些行動，而是協助他們去評鑑自己的行為，使他們能瞭解此等行為對自己有利或有弊至何種程度。

故事二

美莉是諮商中心的志工，經常出入諮商中心，美莉的個性很大方活潑，與中心的每位心理師都會主動的打招呼，也會很主動的幫忙各種大小事，因此漸漸的跟每位心理師熟絡了起來，在大家的心中，美莉是一位不可多得的好幫手。

美莉在家中排行老二，哥哥是名校的學生，從小就是師長眼中品學兼優的標準好學生，父母親的眼光及讚美也經常是落在美莉的哥哥身上，美莉從小的印象就是跟在哥哥的身後，帶著羨慕的眼光看著哥哥的好表現，在美莉的心中，一直覺得自己的哥哥是最厲害的，因為無法超越哥哥，只好作哥哥的小跟班。

但美莉的心中，其實是有那麼一點不甘心的，總覺得父母親的關愛都在哥哥的身上，自己得到的好少好少，但因為覺得自己既然比不上哥哥，所以就理所當然認為自己沒有本錢跟爸媽爭取更多的關愛。這小小的遺憾與嫉妒，美莉一直不敢跟別人說，一直到進入了諮商中心擔任志工，在一次偶然的機會下，跟中心某位常常有接觸的心理師閒聊中隱約透露了這個隱藏多年的心事，心理師於是建議美莉可以找一個專業的人認真的談談這份心情。

美莉猶豫了一個星期，心裡覺得很掙扎，美莉心想著這件

事情如果跟別人說，可能會被笑說自己自不量力、又太愛計較了吧！明明沒有哥哥的厲害卻想要得到一樣多。美莉也擔心會被人覺得自己在氣父母親的照顧不公平，但明明爸媽讓美莉衣食無缺，這樣的抱怨會不會太貪心。就在猶豫不決中，美莉再次的遇上那位心理師，心理師關心的詢問了美莉，是否有找了人說說，美莉想了想，於是問心理師：「我可以找你諮商嗎？」心理師以兩人的關係不適合而婉拒了美莉，並告訴美莉原因，在徵求美莉的同意下轉介給了中心其他的兼任心理師。

　　美莉心中依然有一些疑問？**心想著「我就是因為跟你比較熟悉，才想跟你吐露這件心事，其他人我又不熟，才不敢跟他們說呢！」還有心理師說諮商中避免雙重關係，可能會影響了諮商的客觀性，美莉隱約聽懂這樣的道理，但是美莉對於雙重關係的影響還是不怎麼清楚，想著「那我不要跟你正式諮商嘛，我有空，你有空時，我們就去喝喝咖啡聊心事也可以啊，我們當個好朋友吧！」這樣，可以嗎？**

【聽聽心理師怎麼說】

　　美莉，妳有這樣的疑惑是很正常的，因為在一般的朋友關係中，總是在漸漸熟識之後，才可能自我表露的更多，也才會想要向對方說自己內心的話，因此妳才想要跟自己熟識的心理師表露心事啊！

　　美莉，聽起來，家裡的問題真的困擾妳，妳也一直放在心上很多年，我就是聽到了妳的心聲，很希望妳可以有新的觀點看待你的家庭問題，才會建議妳尋求專業的諮商協助。但諮商關係並非一般的朋友關係，而是一種專業的醫病關係。

　　我們平常因為中心活動有許多的互動，也有一些生活圈的交集，一旦我跟妳從朋友關係轉變成諮商關係，那時焦點會放在妳的身上，有時候你可能會感到混淆，容易將我平常在你心中的樣子與諮商中的樣子相互交雜，例如妳可能會說：「老師，上次我們去唱歌時，你唱的好 high 喔！現在跟我講話怎麼嚴肅起來了？」、「老師，你不是說過你是老么，那你的爸媽有比較重視你姊姊嗎？你可不可以跟我說你的經驗啊？」、「老師，為什麼你不像之前那樣，只是說一些鼓勵我的話就好了，現在只是一直要聽我說，很少聽你講你的事了，你說話的方式變好多喔？」、「老師，我們還是像以前那樣，我有空想找你的時候再跟你約好了，這樣談有點不自在ㄟ，而且我還要一直記得時間」、「老師，上次我跟你說到的○○○，我昨天看到你在跟他說話，後來他看到我好像有點不自在，你是有跟她說我的事嗎？」……諸如此類的問題，都來自於妳進入正式諮商前，你就有了很多對過去我的期待與想像，一併的帶入了諮商中，因此諮商時，彼此就得花更多時間處理這些議題，甚至無法處理。

美莉，所以我才會告訴妳，盡量讓諮商關係單純一些，對諮商的進行更有好處的。例如妳在平常時候看到我時，就不用一直想著曾經在諮商中說過哪些內心的話有點尷尬；看見我在跟其他人私下說話時，如果那個人又是妳在諮商中曾經談論過的對象，妳也不至於產生無謂的猜測。

另外，如果妳跟我之間同時擁有諮商關係及其他的關係，例如情人、師生、親人、好朋友，諮商時彼此的角色將更難盡量保持客觀，更容易加入了更多的猜忌而影響了諮商的效果。例如你可能會有這些感覺：「老師，我覺得你平常看我的眼神好像有點怪怪的」、「老師，你好像在對班上另一個同學說話時比我更客氣，你是不是介意我在諮商中說的話？」這些猜想很容易在彼此有了諮商外的其他關係時產生，建議盡量避免。

至於妳還擔心因為不熟悉無法吐露心事，其實在諮商中，專業的心理師都會很有同理心的引導你說出自己的問題，因此你只要帶著一顆開放的心，相信一定可以在諮商中獲得最大的協助。

那麼，妳也許會問，如果因為擔任諮商中心志工，跟中心的心理師們都有一定程度的熟悉，又為避免雙重關係，不方便跟中心的心理師進行諮商時，可以跟誰談呢？許多大學的諮商中心都有聘請兼任的心理師，他們每週只有在值班時間會出現在諮商中心，這是妳可以選擇的對象喔！或是一些社區機構提

供的心理諮商服務，例如張老師、生命線也都是另一種考量。

諮商小補帖

雙重關係（dual relationship）

（1）涵義：在進入諮商關係之前或之後，除諮商關係之外，存有另一種關係。

（2）種類：社交關係、商業往來關係、師生關係、朋友關係、親戚關係、行政關係、評鑑關係、督導關係、性親密關係。

（3）缺失：妨礙專業關係與專業判斷、影響諮商效能、傷害個案福祉。

（4）補充說明：雙重關係是否一定帶來傷害的問題，其實贊同與否各有說法，但以目前的學校實務操作上，如果可以盡量避免，將可能更容易進入諮商情境，減少諮商中無謂的困擾，以達到諮商成效。

故事三

　　阿布因為對於自己未來的出路感到有點徬徨，知道室友小郭也在諮商中心接受諮商，在小郭的鼓勵下，阿布也預約了自己的諮商時間，開始展開自己的探索之路。

　　在幾次的諮商之後，阿布發現自己對於未來的出路不是沒有想法，而是不知道怎麼做決定，於是阿布便在諮商中，詢問心理師「老師，請問你那時候為什麼會選擇念這個科系啊？」阿布向心理師解釋這麼問的原因，是因為想要參考心理師的選擇。心理師在討論中回應了幾次諮商對阿布的觀察，在阿布心中期望有人提供給他一個具體的建議，好幫助他做出正確的決定，也因此可以避免自己做決定後所需要承擔的責任。阿布聽完後，表示他只是想要參考別人的答案，並沒有要任何人幫他做決定，阿布對於心理師不願分享自己的經驗感到有點不高興。

　　在下一次的諮商中，阿布表示聽室友小郭說，他們兩人的心理師是同一個人，於是阿布再次的詢問心理師「小郭有沒有說他現在準備考哪一間研究所？」，心理師瞭解阿布問題的動機，阿布表示看到小郭近來變得很拼，但問他什麼都不說，阿布對於自己是否要考研究所還是直接就業本就有點猶豫，因此對於小郭如何找到一個生涯方向有點好奇，無法獲得的答案就想要從心理師這邊得到，心理師再次的回應了阿布一直想把

別人的選擇當作自己的參考，並說服自己當作是自己決定的想法。另外心理師也回應阿布，明明清楚心理師並不會回答別人的隱私，但還是試圖闖關，希望可以有機會知道答案，阿布在心理師的說明之下，似乎漸漸清楚，自己想要跨過界限的個性，好像從小就有了。

　　小時候阿布對於爸媽設下的規矩，常有種想要挑戰的念頭，例如爸媽規定玩電腦的時間必須在作業完成後，阿布總在作業進行一半，感覺很厭煩時偷偷的去打開電腦；爸媽說冰箱的飲料一天只能喝一瓶，阿布就以天氣太熱為由一口氣喝了兩瓶；國中的時候，有女友的阿布一直向隔壁班的女生小英獻殷勤，小英以不適合且迴避的方式拒絕阿布邀約，阿布覺得小英不解風情，在這自我理解的過程中，阿布不免在心裡還是會出現一些疑問：**為什麼一定要作業寫完才可以玩電腦，累的時候打個電腦不是可以休息一下？今天天氣熱喝兩瓶，明天我就少喝一瓶不就一樣了？小英也許只是矜持拒絕我，而且我跟小英也沒怎樣，就只是想跟她聊天而已，為什麼值得大驚小怪？小郭要準備考哪一間研究所，到時候考完放榜不是就知道了，何必需要那麼保密，我知道了也可以給他一點意見啊？真不知道哪來那麼多限制，真麻煩……。**

【聽聽心理師怎麼說】

阿布，我想理解界限這件事情，對你來講可能是有點困難的，你似乎會認為這是一種對你的限制，覺得很不自由，有點綁手綁腳，所以一有機會就想要跨過那道已經被設定好的界限，並從中獲取一些得到的快感，我想你隱約也知道你正在越界，所以你也找了一些好的理由，來讓自己相信這麼做的正當性，然後就不需要那麼的感覺到越界後的罪惡感了。

阿布，我想跟你說，人與人之間，經常有一些有形或是無形的距離是需要保持的，每個人認為的距離也可能都不相同，例如說：你也許可以跟你的室友小郭在開心時摟摟抱抱，但是小英也許就不喜歡你這麼做。又例如你一定也知道爸媽希望你在功課完成後才可以使用電腦玩遊戲的原因，是因為不希望你在作功課時分心而影響課業學習，所以才設下規定，你可以選擇認真盡快的完成你的作業，就可以開心的使用電腦，而且沒有負擔，但是你選擇了另外一條路，在闖關的同時，心裡可能也不怎麼安穩吧！

在諮商中也是一樣的，有一些規定是為了讓諮商的進行更加的順利，所以才設下的，這些界限的設定是為了幫助你有機會學習與人之間建立一個更適當的距離，學著尊重別人。所以如果你真的想要瞭解你的室友小郭在準備哪一間研究所？又為什麼突然認真了起來，你也許可以向他詢問，表達你的好奇與

關心，當小郭知道你的用意之後，也許就會讓你知道。當然他也可能不會滿足你想知道的期望而不願意告訴你，這時候，他就已經很清楚的在這個問題上畫出了一條界限，委婉的傳達出不要越過界限的聲音，你如果不能尊重他，還轉向到心理諮商中，企圖從心理師的口中探知你想要的答案，似乎就是不尊重他的決定的表現，這甚至也會破壞了你跟小郭的關係。

至於你想要知道心理師個人的事情，也是一樣的道理，也許每個心理師因著自己的學派不同，對於自我表露的多寡有不同的選擇，但這都是心理師的決定，如果你對於對方所設下的界限不滿意，你可以嘗試提出並跟對方討論，但你終究得學會接受，並不是每件事情都能盡如你意，有時候在關係中還是得學會忍耐與接受的，畢竟這也是成長所要付出的代價之一，相信阿布你一定也在很多方面很努力才可以上大學念書，交到一些好朋友的吧！希望我說的這些你能明白，當然你也可以跟你的心理師討論你的感想喔！

參考資料

1. 張春興（民 93），張氏心理學辭典，臺北，東華書局。
2. 李茂興譯（民 85），諮商與心理治療的理論與實務，臺北，揚智。
3. 臺灣心理諮商資訊網—諮商專業倫理研究室。

Chapter 7

心靈加油站 ▶▶ 資源整合篇

故事一

　　大甲目前就讀中部某私立大學三年級，他出生在一個醫生世家，爸爸是醫生，爺爺也是醫生，好幾位親戚也都是醫生，所以大家也都希望大甲未來也是醫生，可是大甲念的是理工科。甲爸現任某醫院的主治醫師，每天都忙著開會工作，很少時間待在家裡，甲媽則是全職的家庭主婦，每日全天候照料大甲一家的生活起居，另外大甲還有個學業成績很好的哥哥，目前就讀國立大學醫學系，大甲常思考著如果沒有意外的話，哥哥以後應該也是醫生吧！

　　大甲的家剛好就在學校附近，所以從小到大一直都住在家裡面，每天搭公車往返學校。他最不喜歡參與家族聚會，因為時常被媽媽或其他親戚、朋友拿出來與哥哥做比較，一下子說哥哥多優秀，一下子建議甲媽考慮要讓大甲轉學念醫科，大甲聽到他們相互交談的內容時，覺得有種被輕視、不被尊重的感覺，而且內心覺得很難過，常認為自己事事不如其他人優秀，在學習上也無法獲得成就感。

　　大甲從小備受家人呵護，媽媽認為她自己最重要的責任就是不讓大甲跟甲哥受到任何的委屈，她覺得如果她的孩子有任何的不順遂，別人都會認為是她的責任，所以甲媽為了盡責，隨時隨地都要知道大甲的行蹤，包括什麼時候上課？什麼

時候回家？跟誰出去？去做什麼等等？搞得大甲常因此無法跟同學好好的聚會相處。例如聚會時常會接到甲媽的奪命連環CALL，讓大甲不得不提前離開或臨時抽身，這也讓大甲被其他同學嘲笑，他們都說大甲是個媽寶，所以最後大甲乾脆不出門參與聚會，別人約他時，大甲都說因為家裡有事情，所以沒空參加，以免淪為同學們的笑柄。

　　其實大甲感覺自己在校學習方面很吃力，注意力常常無法專注太久，加上很多長輩對他的期待，大甲飽受壓力。而愈是如此，大甲的學習效果就愈差，最後乾脆放棄。當大甲學期結束後收到成績單，看到自己很多科目不及格時便慌了起來。甲媽也在沒有跟大甲說的情況下，就直接跑去系上找助教幫忙想想辦法，正因如此，大甲才由系上轉介進入諮商。

　　諮商一段時間後，大甲發現自己好像有些成長，開始覺得自己可以試著學習獨立，在學業方面也逐漸地跟上一些進度。在改變調整的過程中，甲媽一直說大甲改變得很慢，所以還是不斷地監控他所有的生活作息，有時候大甲看到甲媽很累的樣子，其實很不忍心，他覺得不管是誰的壓力都不小，但覺得甲媽才更需要來進行諮商晤談，也聽說學校好像沒有辦法對學生家長做長期的諮商服務，大甲覺得很可惜，一時也不知該去哪裡找相關資源來協助自己的媽媽。

　　大甲心想自己的母親可以來和學校心理師諮商嗎？如果不

行，有什麼資源可以協助自己的母親？其實甲媽有時也會想，如果想瞭解與大甲相處的方式等議題時，可以跟大甲學校的輔導老師談嗎？

【聽聽心理師怎麼說】

大甲，你是個堅強的孩子，一路走來辛苦了。相信持續一段時間的諮商對你是有些幫助的，所以貼心的你才會想分享這麼好的資源給自己親愛的家人。

在這裡要提醒大甲，畢竟每個人的學習能力與方式不同，所處的外在環境也不一樣，而當身分不同時，每個人所感受的壓力也會不一樣，包括大甲你以及你的母親。也正因為每個人有其獨特性，才會有不同的協助方式。例如：學生有學生的議題、家長有家長的苦衷、老師有老師的職責等等。

在大甲就讀學校的諮商輔導單位所協助的主要對象，通常會以大甲校內的教職員工學生為主，若是教職員工學生的家人需要諮商輔導協助時，會視各學校規定的不同而有所差異，所以建議大甲可以至校內的諮商中心詢問相關疑問，例如自己的家人可以使用諮商中心的諮商服務嗎？或是可以協助母親的校內或校外資源包括哪些等等疑問？此外，有些學校會另外成立社區諮商中心，服務的對象也比較廣泛，以一般社區民眾為主，不過需要預約付費諮商。若大甲的家人需要輔導相關的協

助時，建議可以先自己檢視一下目前的需求，就近使用校外的協助相關資源，找尋適合自己的協助機構。

故事二

　　小帆平時在學校只有一個好朋友，但是最近他與好朋友鬧翻了，卻不知道可以找誰幫忙，因為小帆已經沒有其他朋友了。

　　小帆過去曾經看過精神科醫生，但不想讓其他人知道，因為怕別人覺得他是個精神病患時會因此而遠離他。其實小帆有定時在服藥，在行為適應上已經好多了，只是最近小帆和好朋友鬧翻，讓他心情很不好，睡也睡不著，飯也吃不下，甚至精神科所開的藥也沒有按時吃，小帆不知道是不是因為這些原因，在上課的時候開始一直覺得別人講話的聲音很大聲而影響自己的心情。有一次，小帆忍不住當下就揮拳警告同學，叫他們不要一直講話，他並沒有真的想打他們，但卻讓在場的同學受到驚嚇且感到莫名其妙，後來小帆就被教官帶至教官室瞭解情況，而教官希望小帆到諮商中心找心理師聊一聊，但是小帆不想同學們知道他去過諮商中心，擔心同學們會一直問東問西的，所以在當下直接拒絕教官的建議，並告訴教官是自己因為最近沒睡好，所以壓力很大，才會有這樣的行為，並保證以後不會再出現這樣的行為。

　　才過了幾天，小帆感到知道自己的狀況並沒有變好，反而覺得已經快要控制不住情緒的躁動，腦中浮現如果去找醫生，醫生好像就是開藥給他吃，但想到自己吃了會昏昏欲睡時就無

法鼓起勇氣就診。此時的<u>小帆</u>心裡覺得好煩喔！也不知道自己是怎麼了？或是到底誰可以真的幫到自己？一想到還要上課、打工、補習、報告一大堆，都快沒有時間了，還搞出這麼多事情來，開始覺得這樣下去不是辦法，於是內心浮起找學校的心理師這個念頭，同時也出現一些擔心，例如**諮商中心是唯一可以幫助我的地方嗎？自己現在的狀況適合去諮商中心嗎？醫院還要不要去呢？會不會有人知道我去過醫院或諮商中心呢？**一些擔心讓<u>小帆</u>想去又不敢行動……。

【聽聽心理師怎麼說】

　　<u>小帆</u>，從你的行為狀態與生活作息看起來，現在的你正面對許多不同的壓力。雖然還不確定你脫離正常生活軌道的真正原因，但我相信會出現這樣的行為並非你所願，而現在的你確實需要專業人士陪伴協助你度過這個難熬的階段。還是要提醒你，在未瞭解原因前，如果自行停藥是件冒險的舉動，因為用藥的部分仍需要聽從醫生的指示。

　　另外，學校諮商中心有保密的義務（請參考第五章），但如果因種種因素仍讓<u>小帆</u>你有所顧忌時，其實你能夠選擇其他方式，專業心理諮商協助管道不會只有一種，除了學校諮商輔導中心外，還有包括民間社區機構、醫療院所等單位，這些都

可以依你需求提供適當的協助。

小帆在選擇協助管道前，可以由自己周遭他人先協助評估小帆你的需求與環境，然後選擇適當管道進行心理諮商。當自己無法評估或判斷自己適合使用哪種協助資源時，可以就近至上述任何一協助單位請求協助評估，畢竟盡快讓自己與協助單位聯繫上才有調整的機會。

在此提供一般大學生尋求諮商協助管道之簡易三步驟：

一、評估自己的狀態

可以由自己或周遭他人協助來覺察自己的情緒狀態、思考與生活作息等等。例如情緒異常的低落或是亢奮時，若無其他特殊事件發生影響時即需注意。平時在想事情的時候，腦袋無法持續思考稍長的時間，或是腦袋一直不停地轉，像是好幾顆電腦 CPU 在腦袋中同時工作，想停又停不下來，並且持續一段時間，這時候就要注意是否已經影響平常生活作息。簡單來說，就是發現自己出現異常反應，且已經嚴重影響到自己的生活作息時，就需要心理協助的介入。

二、評估自己的環境

評估自己所處的環境狀況，包括時間、經濟、身分與便利性等考量。如果學生在學校以外的場所與心理師進行諮商可能需要負擔一筆費用，再加上要自行前往諮商場所的交通與時間成本，這樣相對來說，建議使用學校內的諮商中心是尋求心理

協助資源的首選，因為學校所聘之諮商心理師可以提供專業、免費又方便的諮商服務，算是非常划算又有效的資源。

三、選擇專業的協助管道

有些學生還是會考量自己的需求而不想使用校內提供的資源，此時也可以轉向民間機構求助，例如「張老師」機構、社區諮商中心或是醫院診所等單位，可以參考附錄所提供之諮商輔導協助資源。

諮商小補帖

一般校外協助單位的收費方式可分為免費與收費兩類，例如張老師基金會有提供免費晤談輔導、電話輔導（直撥1980）、函件輔導（1980@1980.org.tw），以及網路輔導等服務，分別於臺北、臺中、高雄、桃園、宜蘭、基隆市、新竹、彰化、嘉義、臺南市等區域設置服務單位。另外也有付費諮商服務，由通過考選部專技人員心理師考試，並取得中華民國諮商心理師或臨床心理師證書的專業人員提供專業諮商服務。

故事三

　　阿國是個服完兵役再回學校念書的學生，所以年紀較同班同學大。有次阿國睡眼惺忪地來到諮商室，心理師看到阿國比前幾次的樣子更糟，頭髮凌亂、嘴角下垂、額頭上冒出很多痘子、雙眼半開無神，加上兩個又大又深的黑眼圈，彷彿幾天幾夜沒睡的樣子。心理師雖然知道阿國要邊上課邊工作，但評估也不至於看起來會如此憔悴。

　　「最近睡的好嗎？」心理師從睡眠瞭解阿國作息。

　　「老師，我最近專注力很差，睡覺的時間都不夠，晚上很晚睡，早上因為起不來就睡到中午，到了下午上課就一直打瞌睡。」阿國半閉眼地回答。

　　心理師想到這樣的夜晚生活好像是很多大學生都會出現的現象，於是繼續瞭解。

　　「晚上睡覺的品質好嗎？」心理師再確認。

　　「在床上翻來翻去，一直在想事情，關於未來要幹嘛，父母親年紀大了，自己也比同班同學大好幾歲，原本的同學都已經在工作了，覺得自己應該要去工作賺錢，又想到還有很多其他很煩的事情，然後想著想著隔一陣子就睡著了，有時候想了一、兩個小時才睡著，但是睡著以後就好了，起來的時候還是覺得很累。」

「這樣子的情況維持多久了？」

「其實從我兩年前回學校念書就開始這樣了，只是這學期變得狀況很差，而且愈來愈不好。」

「這樣聽起來也有兩年了，你的家人知道你現在的狀況嗎？」心理師評估阿國的周遭資源。

「他們不是很清楚，我沒有跟他們說，因為我不想讓他們擔心。」阿國認為可以照顧自己。

「當你覺得狀況很差的時候，你都怎麼辦？」心理師想瞭解阿國因應問題的模式。

「我一般都是靠自己，看看能不能撐過去，想說撐過去就好了，但是最近真的快撐不住了，很累很累，心裡有種壓迫感，就覺得應該要做些改變，但是不知道要怎麼做。」阿國摸著自己的胸口大力呼吸。

「最近心情如何？」心理師評估阿國最近的情緒狀態。

「就做事情提不起勁，到後來就想說放棄好了，可是又覺得不應該這樣做……。」阿國一邊說一邊搓著雙手，呈現很懊惱的樣子。

「看得出來你不想讓周遭的人為你擔心，也想要為自己的生命而努力，但全部靠自己實在是太辛苦了。」

「但是我真的不知道要怎麼做……」

「你有因此去看過醫生嗎？」心理師要確認阿國的疾病史

與就醫經驗。

「要去看什麼醫生？老師是說精神科嗎？」

阿國對於就醫有些疑問，看精神科醫生對於阿國有幫助嗎？阿國如果不告訴家人自己的狀況，他們就不會擔心嗎？如果看了醫生，還要到諮商中心諮商嗎？

【聽聽心理師怎麼說】

看到阿國你已經在接受諮商協助是件好事，而另一方面也看到你的壓力反映在外觀及生理作息上，我瞭解你是個獨立且不喜歡麻煩別人的人，凡事常想要靠自己解決，而你也發現自己的身心狀況逐漸地愈來愈差了，我想之前可能都可以靠你自己的意志力撐過去，但總是保持現狀，沒有明顯地往改善的方向前進，所以一旦遇到更多壓力同時接踵而來時，即可能會出現許多壓力反應，在這個時候，周遭的協助資源變得很重要，例如諮商輔導資源、家人朋友的支持，或是醫療資源的協助等等，都可以在這個時候幫上你的忙。

周遭的資源中，家人的支持可能是重要的，我瞭解你怕家人知道狀況後會因此而擔心，但其實當你的狀況變得更差時，家人知道後只會更加地掛心，屆時可能又多一個壓力出現。你也許可以試著將自己的情況告知家人，明白地告訴他們自己需要的協助是什麼，讓你的家人瞭解有時你會出現情緒低落或是

反應過度情況，在互動時他們也較能體諒你正在辛苦地經歷一段調適期。

　　此外，阿國於約定時間來學校的諮商中心接受諮商協助也是種可行的方式，有時狀況不佳時也可以提醒自己，之所以會出現這樣的問題並非一朝一夕所造成的，試著給自己一些時間與彈性，來諮商中心整理自己正在發生的事情是如何影響自己的生活，也可以與心理師討論有哪些方式可以協助自己調整與改善。另外，不佳的睡眠問題是影響目前生活的重要因素之一，建議阿國你可以至身心科就診，醫生可能視情況開一些改善睡眠的相關藥物給你，讓你至少先有個較好的睡眠品質，讓自己先恢復一些元氣，或是在壓力來時，透過肌肉放鬆法來減緩肌肉的緊繃，有好的睡眠品質，才有體力與精神來調整改善自己生活的狀況，而這些行動要靠你主動進行才能有機會讓其他的人一起進來協助你，等恢復到正常軌道時，就有可能靠自己而不用麻煩別人囉！

諮商小補帖

　　肌肉放鬆法：身體會對焦慮和壓力作反應，藉由肌肉放鬆法，阻斷身體和焦慮之間的聯結反應。肌肉放鬆法簡單步驟如下：先選擇放鬆部位（手部、頭肩部、胸腹部、腿部

等），以手部為例，將手掌握緊 5 至 7 秒鐘，再將手掌放鬆 20 至 30 秒鐘，每部位練習至少一次，如果覺得緊繃的情況嚴重，最多可重複進行五次。

Chapter 8

混亂後的重建

>> 諮商成效篇

故事一

　　永強是個單親家庭的小孩，今年大四了，即將面對就業市場的壓力，所以主動前來諮商中心想要探索自己對未來出路的一些想法。隨著諮商一次一次的進行，永強看見了媽媽對自己的影響有多麼的大，連職業的選擇，媽媽總有許多的意見。從小媽媽就會經常告訴永強，爸爸有多麼的不好，酗酒、暴力、不問家事，在永強的心中，爸爸幾乎就是墮落人類的絕佳代表，永強從沒有想要真正去認識自己的爸爸，只是一直躲著他的拳頭。一直到國二那年爸媽離婚，永強跟著媽媽、弟弟一起住時，才總算脫離了那段不愉快的童年生活。

　　永強的媽為了不要讓永強成為另一個爸爸的樣子，因此對永強的要求很多，在生活作息上，也多了很多的規範與要求，一直到現在，永強如果超過一個月沒有回家、超過一個星期沒有打電話給媽媽，就有接不完的關心電話，永強告訴自己，這是媽媽表達愛的方式，但是又有一種想要脫離的感覺，因為永強覺得自己並不需要這樣的關心方式，很怕一旦告訴了媽媽，媽媽會很難過，因此一直矛盾著。

　　每一次永強想要跟媽媽說出自己內心的想法，告訴媽媽，他絕不會像爸爸一樣的走偏了，媽媽其實可以更放手一些，不要約束那麼多，但是看到媽媽那悲傷的表情，喃喃自語的說

著：「沒關係，你可以過得很好，我也可以放心的走了……」永強就會將所有想說的話吞回，但心裡頭就是有一種說不出的鬱悶。

　　隨著諮商的進行，永強開始清楚了那鬱悶是什麼，那是一種被媽媽脅迫的感覺，永強很想要大聲的吶喊，我並不是不愛你，但我也想要自己的人生，只是終究無法對媽媽說出口，於是永強對心理師說：「我不知道這樣諮商下去，何時才是盡頭？這樣諮商有什麼用？每一次來這裡，我都好痛苦，我想停止了。」

　　在永強的心裡，每週一次的諮商，都是一次痛苦的折磨，那些一直以來不想被掀開的往事總是在諮商結束後，不時的啃蝕著自己的內心，永強也知道，唯有不逃避的面對，才可能找到新的出路，但是**這過程何時才會真正結束？看見我想要的光明呢？**永強常反覆的問著自己，**我怎樣才叫做好了？為什麼我感覺自己愈來愈混亂，愈來愈痛苦？諮商的功用是什麼？我可以在諮商中得到什麼幫助？諮商會讓我改變嗎？我又會變成怎樣？**

　　永強也在諮商中向心理師說出這樣真實的感受，透過討論，永強感受到心理師的陪伴所帶來的力量，所以堅強的忍受著痛苦，勇敢往前走，只是當每一次痛苦發作時，依然會忍不住想著這些目前還無解的問題……。

【聽聽心理師怎麼說】

　　永強，先讓我告訴你，不論是心理諮商或是心理治療，都是一種「醫病關係」，多數人都期待著，當帶著心中的疑惑前來，可以透過諮商，讓自己得到一些答案。我相信你也是這樣的，一開始是為了探索自己的生涯方向，以為可以從諮商中知道，你將來可以選擇什麼工作。但是隨著諮商的進行，你發現了自己在無法做出生涯抉擇的背後，是因為一直以來，你沒有機會為自己作決定，每一件事情的背後，都受到媽媽既關愛又操控的手影響著，因而找不到那可以為自己作決定的能力與勇氣，於是久而久之就漸漸放棄了。

　　但是也因為在諮商中，漸漸的意識到這個影響，為你帶來了痛苦。過去你只要告訴自己，媽媽所做的一切都是為了愛你，所以你「甘願」接受媽媽各種安排，但現在這方法似乎已經漸漸不管用，你一次一次聽見自己心裡那最真實的感覺，在媽媽所謂的愛的背後，原來還有一種被操控、被脅迫的不舒服。

　　因此你愈來愈確定，想要掙脫，想要拿回主控權。可是當你看到一路以來含辛茹苦照顧這個單親家庭的媽媽微駝的背影，還有兩鬢漸白的髮絲，就覺得自己不應該那麼的殘忍。你更擔心，一旦你拿回了主控權，會斷掉跟媽媽之間的聯繫，媽媽會覺得自己不再有用而感到挫折與沮喪，所以你才會如此的

痛苦與掙扎吧！

　　這樣的心路歷程，其實是多數接受諮商的人可能會經歷的。因為我們通常會用一種讓自己覺得好過的方式（防衛機轉）來面對生活中的大小事，例如你會告訴自己：「媽媽很愛自己，盡量不要讓她失望，所以一點小干涉沒有什麼，比起媽媽在婚姻中受的苦，我這一點點煩不算什麼。」但在諮商中，心理師不僅只有溫暖、同理，還會清楚的協助你看見自己一直不願意去面對的那部分。愛與控制有時候不容易分清楚，甚至也不知怎麼分的清楚。但只有在你明瞭了，你才有能力做出你的決定，也不容易因為你做的決定而後悔不已。有一天，你也許會真的去面對跟媽媽之間關係的挑戰，找到一個新的位置，讓你跟媽媽都不會那麼難受；或是也可能讓一切維持現狀，學著真正心甘情願的接受媽媽的照顧，如何選擇，就是你自己在清楚明瞭之後的決定了。

　　因此，心理諮商絕不僅只能發揮讓你感到舒服的功能，還有可能讓你陷入一種強烈的心理掙扎中，例如「愛我，為什麼要這樣操控我？」，但這都是復原的一部分，試想，哪一次生病時，你吃的藥永遠是甜的？復健過程應該也是交織著眼淚及汗水吧！至於這混亂痛苦的階段會持續多久，何時才會柳暗花明，這就因人而異了，心理師也會視每個人心理可以承受的狀態而調整諮商前進的速度。

　　你可以將諮商過程中經歷的痛苦與掙扎告訴你的心理師，相信他會在這個階段提供你更多的溫暖與支持，協助你可以順利的走過這混亂的階段，找到自己內心裡新的聲音，不再那麼的擔心。

　　當然，你也可以決定在此時此刻停止諮商，就像有些人會因為治療的痛苦，決定自己停藥、減藥或不再回診一樣，這些都是自己的選擇，在覺得自己準備好的時候再開始。但不管決定為何，都可以跟你的心理師討論，千萬不要自己就偷偷的從諮商中消失喔！

諮商小補帖

心理防衛機轉（defense mechanism）

　　精神分析論創始人佛洛伊德（S. Freud）最先使用本術語，用以解釋個人應付挫折情境時，為防止或減低焦慮或愧疚的精神壓力所採用的一些習慣性適應行為。個人之所以防衛，一方面旨在減輕焦慮的壓力，另一方面旨在保衛自我以維持內在的人格結構（本我、自我、超我）的均衡。防衛方式有多種，最主要的有：（1）否認現實；（2）幻想；（3）合理化作用；（4）投射作用；（5）退化作用；（6）壓抑作用；（7）反向作用；（8）認同作用；（9）補償作用；（10）移置作用；（11）昇華作用；（12）廢棄作用等。

防衛方式成為習慣性反應之後，個案在意識上未必自覺，故而分析論者視之為潛意識行為。防衛方式使用過多時，可能因脫離現實使個人陷入更大的困境；但偶爾使用也不無暫時緩衝情緒的價值。因此，只有過分使用防衛而脫離現實者，才被認為是心理失常。

故事二

　　啾啾在高中時，是個開朗活潑的女孩，不僅擔任熱舞社社長，帶領社員南征北討贏取佳績，更因此吸引不少男生的關注眼光，啾啾也經歷了幾段轟轟烈烈的愛情。啾啾唯一讓父母擔心的是課業，啾啾一直無心於課業的學習上，學測前在父母的禁足令下，閉關苦讀了幾個月，最後以幾乎吊車尾的成績進入一所私立大學，進了大學的啾啾，因為首次脫離家裡的約束，更是如魚得水一般，繼續談著戀愛，跳著開心的舞蹈，大一上即面臨二一的結果。

　　啾啾的父母當然心急如焚，一方面對啾啾耳提面命，一方面採取緊迫盯人的方式，啾啾也因此跟父母玩起諜對諜的遊戲，想盡辦法躲開父母的追緝。當大一下學期學校寄出預警通知時，啾啾的父母親決定押著啾啾來到學校諮商輔導中心尋求專業的協助，他們認為啾啾為什麼對於自己即將要被退學，心裡卻一點都不以為意，他們相信啾啾可能心理生病了，不然為什麼一點都不想努力。

　　在經過幾次的心理諮商之後，透過心理師專業諮商的帶領，逐漸明白啾啾之所以對課業採取幾乎放棄的態度，是一種對父母親的消極反抗。啾啾的心裡一直對於舞蹈有一份熱情，也在高中時就開始蒐集了很多舞蹈相關的訊息，並希望可以進

入相關的領域繼續研讀，作為將來生涯的方向。但幾次向父母暗示的過程中，啾啾都感受到父母的反對，他們只希望啾啾可以順利的大學畢業，找一份安穩的工作，有一個幸福的家庭。啾啾在溝通無門的結果之下，決定以一種表面看似順從，暗中依照自己的生涯決定發展的方式。啾啾心想著一旦大學的課業垮了，就可以名正言順的告訴父母親，她盡力了，接下來的人生可否讓她自己去闖，不要再被決定。

透過心理諮商，啾啾有了一些勇氣，決定再跟父母好好的談一談，啾啾的父母親原以為讓啾啾接受專業的協助，可以讓啾啾認清自己即將被退學的事實，然後開始發憤圖強，面對自己的人生。怎知道啾啾要面對的人生跟父母預想的完全不一樣，啾啾的父母開始對心理師生氣，認為心理師沒有盡到專業的責任，甚至打電話告訴心理師，這個諮商一點效果都沒有，根本就是要將啾啾推入火坑斷送前途，啾啾的心理師試著協助啾啾的父母跟啾啾建立起可以對話的管道，但一直難以被啾啾的父母所接受。

啾啾的父母對於諮商效果的期待是不是對的，所謂諮商的效果又是什麼？當啾啾想要達成的目標跟父母親的期望不同時，諮商成效該如何評估？

【聽聽心理師怎麼說】

　　看見自己的女兒成績一直滑落，甚至連學業也幾乎不保，我想啾啾的父母親一定很焦慮吧！希望啾啾可以有個安穩的人生，這也是作父母親一個最基本的期望，當這個期望跟啾啾所展現在外的現況愈離愈遠時，一定會心急如焚，所以希望有專業的人可以幫上忙，這時候，啾啾父母親對諮商效果的期待便是希望心理師可以代替他們完成改變啾啾這個艱難任務，一旦發現啾啾繼續不按他們的期望前進時，便理所當然的相信這是一次無效的諮商，也就是諮商失敗，換句話說，就是改變啾啾的任務不成功。

　　然而，諮商最重要的，就是協助啾啾可以明瞭自己正在作什麼，啾啾並不是不知道自己的成績正在一落千丈，也知道自己即將面臨退學的命運，在這個過程中，啾啾更承受著可能被同學嘲笑，自己必須站在一個成績很差的學生的位置上。當然，我也理解這樣消極的抵抗，對啾啾跟她的父母親來講都不好受，也不是一個最妥善的方式。但啾啾認為這是她目前可以完成自己目標的方式，啾啾的心理師無法強迫啾啾一定要換個方式，只能盡力的幫助啾啾看到在這樣方式下啾啾必須承擔的後果，如果清楚了，啾啾還是選擇了這樣的方式，心理師也只能尊重。

　　對啾啾來講，諮商的成效就是幫助啾啾認識自己，不僅瞭

解自己行為的後果，並更加澄清對未來生涯抉擇的正確性。但對與<u>啾啾</u>採取不同立場的父母來說，諮商應有的成效就是可以改變<u>啾啾</u>，成為他們想要的樣子，因此從不同的角度來看諮商成效，也許就有不同的詮釋。我認為，有沒有效果應該是由<u>啾啾</u>自己來決定的。

故事三

　　小陸是被系上轉介過來諮商中心的學生，系上轉介的原因是因為小陸這一個月以來，缺、曠課的情形非常嚴重，也常常一副無精打采的樣子。系上導師、任課老師也都紛紛找過他瞭解原因，但是小陸總是一副神情黯淡的表情，直說著不知道自己怎麼了，對於讓師長擔心自己也覺得很抱歉，系上師長看著小陸的反應，也覺得很不忍，但是又不知道該如何幫助他，於是透過院心理師轉介至諮商中心。

　　小陸很快的進入了諮商系統中，心理師也跟小陸約了固定的時間開始晤談，起初的一、兩次，小陸很準時的出現，並且說著自己心中的壓力、家人的關係等，但是在第三次諮商之後，小陸開始出現了諮商遲到，或是沒有出現的狀況，一如上課的情形一樣，心理師基於小陸情況的特殊性，於是主動的聯繫了小陸，小陸總是很抱歉的告知心理師忘了時間、睡過頭等理由，並另外改約時間來諮商，不過也不會很準時出現，即使心理師跟其討論無法準時來接受諮商的原因，小陸也只是頻頻表現出道歉的樣子，並承諾會出現。

　　就在小陸的承諾不斷的跳票，甚至到最後，也向心理師表示他不想要再談了，因為感覺諮商對其沒有幫助，只是一直讓大家感覺到困擾，心理師約了小陸，針對要結束一事，進行了

最後一次的談話，尊重其決定，結束了與小陸的諮商關係。

　　小陸認為諮商對其沒有幫助於是放棄了諮商，在小陸的心裡，是如何判斷諮商有沒有幫助？還是小陸沒有準備好接受諮商的幫助？

【聽聽心理師怎麼說】

　　我想小陸對於自己的狀況一定也很不滿意，一直表現出擔心大家因為他而受苦的樣子，看似很體貼，但小陸沒有發現，要讓大家不用擔心他的最好方法，就是努力讓自己振作起來。小陸似乎只是一直停在自己的無能為力上，當別人願意伸出手提供小陸幫助時，小陸嘗試了一、兩次之後就放棄了。心理師無法得知小陸放棄的原因，也許是因為小陸真的擔心造成別人的困擾，如果自己沒有真的好起來，別人是不是就會對小陸不高興，對他更加的失望；又或許是小陸不相信自己真的會好起來，內心的脆弱讓小陸連想要挑戰自己的自信都沒有，於是讓自己一直往下沉淪；還有一種可能是小陸知道自己的問題所在，但是要真的去面對與改變，需要花很大的力氣，甚至又有所犧牲，小陸不確定是否真的要做這樣的調整，也不確定調整後的自己會不會更好，乾脆就不要改了；當然也有一種假設是小陸只是在測試大家的忍耐度，也許小陸一直感覺不到被別人

關注，希望可以透過讓自己不好的方式吸引別人的注意，但是別人的注意與關心也帶來部分的壓力，所以要一直更換被注意的對象，在一段一段的關係中（例如系上、諮商中心）尋找自己要的感覺……。

　　以上這些都是對小陸心理狀態的假設，有可能猜對，也有可能會猜錯，但不論是哪一種原因，都需要小陸願意停留在諮商關係中，才可以真的瞭解，然後與小陸一起找到一個可以前進的方向，畢竟小陸維持現狀的方式，並沒有為他帶來輕鬆，似乎只是更加的痛苦。

　　所以相信你已經瞭解了，諮商對一個人會不會有幫助的一個重要前提是，小陸願不願意相信諮商，願不願意勇敢的在諮商中探索自己，坦承的表達出自己的想法與感覺，並與心理師一起往前走，如果小陸提前在諮商的關係中退出，不管是不穩定的接受諮商，三不五時請假、遲到；或是隱藏自己的感覺與想法，以宣告諮商無效的方式告終，靠著心理師一人的力量，諮商絕對發揮不了效果的喔！

參考資料

張春興（民 93），張氏心理學辭典，臺北，東華。

Chapter 9

「其實，一樣都是人」

>> 談對心理師的好奇篇

故事一

　　就讀電機系的小桃，個性溫柔善良、文靜害羞，但功課卻十分優異，雖然外表嬌小，卻擁有一頭烏黑亮麗且飄逸的長髮，笑起來臉頰旁會出現兩個十分甜美的小梨渦，講話也總是輕聲細語，相當受同系男孩子的歡迎。不過，很可惜，小桃就讀大一時，就被同系的直屬學長偉殷給「把」走了，讓許多人扼腕不已。偉殷是籃球校隊的風雲人物，身材高壯的他在籃球場上總是衝鋒陷陣，為隊伍拿下不少分數。兩人就像是電機系的金童玉女，常常形影不離，「閃瞎」了許多羨慕的人。

　　但是，卻沒人知道小桃心中常常會有不安全感，認為偉殷這麼的陽光開朗，身旁女性朋友也都活潑外放，不自覺擔心偉殷會被別的女生吸引，尤其是籃球經理小美。深怕偉殷變心的小桃，只好盡可能黏著偉殷，順著偉殷，不敢說出自己的感覺，就怕偉殷離開自己。

　　最近，校際大專盃籃球聯賽即將開打，偉殷恰好是本屆承辦人，不僅球練得更勤，與共同籌備的小美也有更多單獨討論的機會，小桃心裡頭愈來愈不安，恐懼也日趨加深，常會不自覺的難過掉淚，連睡夢中都會因夢到分手而驚醒，整個人愈來愈無精打采。小桃愈來愈不喜歡這樣的自己，卻不知道該怎麼辦，就在參加一次談親密關係與溝通的系週會演講後，小桃認

識了諮商中心的心理師，決定與心理師談談自己的情況。

就在心理師的引導與幫忙下，接受諮商的小桃逐漸面對了內在的恐懼，也嘗試與偉殷懇談，兩人的關係日益改善，小桃也逐漸恢復了往常的甜美笑容與自信，心裡頭也很感謝有心理師的陪伴，但卻也不免出現一些對心理師的好奇，像是「**心理師是否也曾經歷不好的悲苦事件**」、「**如果很多人來找心理師訴苦，心理師會不會受不了呢？**」、「**心理師跟一般所謂的心理醫生有什麼不同？**」等等。於是，小桃決定找機會好好問問心理師。

【聽聽心理師怎麼說】

小桃，很高興你慢慢的釐清自己內在的恐懼，並且採取行動與你的男朋友懇談，也逐漸找回自己的甜美笑容與自信。關於你的好奇，的確也是許多人對於心理師會產生的疑問，像是「心理師與心理醫生，有何不同？」。

也許是受到外國電影的影響，所以大部分的人覺得臺灣也有所謂的心理醫生，但是其實在臺灣只有所謂的「精神科醫生、臨床心理師、諮商心理師」之別。其中最大的差別在於，精神科醫生可以診斷一個人生了什麼病，而依據症狀所需，進行開藥治療；臨床心理師則提供衡鑑，瞭解一個人出了什麼問題，有什麼症狀，但無法進行開藥；諮商心理師則主要以談話

為主，瞭解一個人心理上發生什麼問題，並提供協助，無法進行開藥。

　　那麼你可能會好奇「那麼一般人要怎麼選擇這些專業人士？」其實，這幾個角色「精神科醫生、臨床心理師、諮商心理師」是合作的關係，舉例來說，如果一個嚴重的憂鬱患者長期心情低落，甚至出現想死的念頭，協助其就醫（看精神科醫生）是相當重要的，因為透過藥物的協助，能先著手進行生理機制的治療，如透過血液中血清素的調整，藉以穩定其情緒，進而恢復認知功能，再由臨床或諮商心理師接手進行諮商治療，才是比較有效的作為。

　　其實，分不分得清楚並不是這麼重要！只要自己有需要時，願意鼓起勇氣到學校的諮商中心尋找專業人士協助，心理師就會視每個人的狀況幫忙安排相關適合的資源介入。就像你先前面對與男朋友的關係，擔憂到睡不著的情形，如果失眠時間太長，心理師也會進行評估，建議你轉介至精神科醫生尋求藥物協助，主要就是希望先讓你睡得好，才會有好體力，也才會有精神好好來處理與面對和男朋友的關係啊！

　　另外，你提到的「如果很多人來找心理師訴苦，心理師會不會受不了呢？」當然，畢竟心理師也是人，有時候聽了太多悲傷的故事也會感覺到沉重，只是在心理師的養成過程中，對於個人情緒狀況的反應，會訓練其敏覺自己的狀況發生什麼

事，並且尋求調適的方法，當然有些心理師也會尋求「專業督導」或「個別諮商」做進一步協助，使之秉持著「以個案的福祉為最大考量」，而不讓心理師的困難影響了諮商的品質與服務。

剛剛所提到的「專業督導」，指的是心理師會尋求一位具合格心理師證照的心理師（稱為督導），與之討論在與個案諮商過程中，心理師所遭遇到的問題；而督導這個角色將協助心理師釐清晤談過程中所出現的問題，通常督導進行的方式，由心理師將諮商過程中與個案的諮商歷程向督導提出來討論，而討論內容不包括足以辨識個案的隱私資料，督導過程中會討論可行的解決策略，協助心理師突破瓶頸，進一步幫助被心理師諮商的個案。

再者，你提到的「心理師是否也曾經歷不好的悲苦事件？」這也是普羅大眾對心理師最多的好奇，是否因為自己經歷過不好的悲苦事件，所以才能這麼理解個案的苦與悲。其實並非如此，心理師是受過專業的訓練，才能以「感同身受」的同理心，進入個案的主觀脈絡理解其所受遭遇，並不一定要經歷過某些特定的問題，才能服務某些特定的族群。也許生命中曾有些悲苦的經驗確實能夠幫助心理師更理解個案的心情，但即便沒有相似的生命經驗，心理師都願意懷抱著開放與彈性的心，對在自己面前的個案虛心請教與學習的。

諮商小補帖

心理師的專業督導：心理師所從事的工作攸關一個人心理健康，通常個案求助於心理師，大都涉及人生重大的決定，林家興（民 98）亦提到「督導的目的就是在於維持一個安全品質的心理專業服務，以保障個案和消費者的健康、幸福和權益」，他更認為不論心理師處於專業發展的哪一個階段，只要從事直接的個案服務，最好有個固定的督導，定期討論，協助心理師處理各種臨床問題。而督導的重點在於幫助心理師：

（1）解決專業成長的瓶頸。

（2）探索自己的諮商與治療風格。

（3）考慮選擇並發展自己的專長。

（4）學習作為一個有效的督導。

故事二

外型俏麗、個性活潑外向的美琪，非常活躍於社團活動，早在大二就擔任了社長的重要職位，不論是社團的人或者是班上的人都非常的喜歡她，追求者更是從大一到大三不曾間斷，但是美琪早有穩定交往的男朋友，他們從高中就開始交往，感情非常的融洽，大家都以為美琪畢業後就要結婚了，誰知道在美琪升上大四的那年暑假，男朋友竟然無預警地向她提出了分手，美琪非常的難過，想要挽回卻吃到閉門羹，心情悲痛的她吃不下、睡不好，整個人顯得非常憔悴，悶悶不樂，更是暴瘦了一圈，同學都快要看不下去了，於是拉著她進入諮商中心找心理師處理這令人悲痛的情傷。

時間過得很快，轉眼間，美琪與心理師的晤談已過了半年，每週一次的晤談，美琪已慢慢接受了分手的事實，雖然想起前男友仍是非常的難過，不小心看到前男友的東西還是會掉入回憶的漩渦，但心理師總陪著美琪一次一次地面對這難熬的時刻，美琪非常感謝心理師的陪伴，因為分手都已經過了半年，美琪已不再跟朋友、同學談論這件事，就怕她們認為自己不夠努力，怎麼一直都沒辦法走出情傷；還好有心理師在身邊，只是美琪心中不免也好奇，每次**談論這麼難過的事情，難道心理師都不會受自己影響嗎**？甚至，美琪也開始對心理師充

滿了疑問，**會不會其實心理師工作壓力很大，畢竟要承載這麼多人悲傷的故事**。就在一次的晤談中，<u>美琪</u>問起了心理師關於心中的種種好奇……。

【聽聽心理師怎麼說】

<u>美琪</u>，謝謝你提出這樣的問題，當你能提出這樣的問題，表示你已經逐漸慢慢地從情傷中走出，不再只是處在悲傷的漩渦中，而開始關心其他人的感受。看來你很擔心心理師會不會受到你的影響；其實，每當看你因悲傷而掉淚，那痛苦不已的模樣，心理師也會有感覺，因為心理師也是人，對於你所談論的議題，難免也會受到一些影響。

只是在心理師的養成過程中，心理師不斷地學習「自我覺察」，從中反思自己的狀態，好提醒自己將焦點再轉回到個案身上。而這些「心有所感」，大部分也能在諮商過程中，幫助心理師理解個案的情緒、想法等等，心理師也會運用這些「心有所感」反映給個案，表達對他的理解、支持與同理，進一步也能拉近諮商關係。

如果心理師的「心有所感」影響了諮商過程中的焦點，像心理師被個案所談的內容喚起自己過去未處理完的議題，而無法提供個案最適切的服務，心理師有責任也有義務尋找處理

的方式，如找其他心理師進行個別諮商處理自己的議題，或者找尋「督導」，協助心理師處理與個案晤談時所感到的困境或疑問，為的就是能夠以個案的最大福祉為考量，提供適切的服務。

當然，如果心理師發現自己無法提供最適切的服務時，也會與個案討論後，將個案轉介給最能夠提供其服務的心理師。這些過程說來繁複，但只有一個原則──「以個案的福祉為最大的考量」，因為我們知道當一個人處於困頓尋求協助時，願意將內心這麼私密的事情與心理師分享，是非常不容易的事，心理師很珍惜與感謝個案的信任，更需要謹慎的對待。

美琪，除了剛剛所提心理師尋求諮商或督導幫助自己處理情緒之外，心理師調適心情的方法也跟一般人一樣，從事自己的興趣，做喜歡做的事，增加開心指數，可能是「走出戶外」親近大自然，也可能是「在家休息」聽聽音樂、看看電影，或者是什麼都不做，喝杯茶享受放鬆的氣氛；若有宗教信仰的心理師，說不定還會上教堂或到佛寺，尋求宗教力量的支持呢！對了，心理師可能還會有「同儕支持團體」，透過一群心理師的聚會，分享自己工作的甘苦感受，也能找到支持彼此的能量與力量，這就像是一般人也會找三五好友吐吐苦水，尋求情感支持是一樣的。

說到這裡，我想美琪你可能不難發現，心理師就跟一般

人一樣，會有喜怒哀樂，也會尋求調適心情的方法，只不過因為關乎協助個案「心理健康」特殊工作性質，使得心理師要比一般人更注意自己的心理健康，遇到任何問題也會嘗試處理與調適，畢竟心理師能照顧好自己，也才能提供個案更好的服務唷！

故事三

　　自強是大四電機系的學生，一直以來課業表現總是在班上排名第一，對於未來生涯規劃也相當明確，因此早就在大二的時候就進實驗室，跟著系上頗有名氣的老師做專題，希望能夠早早準備好自己的能力，計畫著藉由推甄方式進入第一學府就讀，為此，自強總是勤勉不懈地在學習上下了許多功夫，當同學們忙著參與社團時，自強則是待在圖書館裡自修；當同學們忙著聯誼，認識新朋友，忙著談戀愛，忙著為戀愛傷神時，自強雖然有些羨慕與好奇，也總是在心裡面告訴自己，這些不急，等上了研究所再說，讓自己具有更多實力，也許就會有心儀的對象會看上自己，現在的目標就是以推甄上理想中的研究所為主。

　　為了讓自己更有競爭力，自強還去參與許多課外的講座研習，聽聽在不同領域的人如何讓自己邁向成功之路，更不惜花許多錢參與一些機構的成長課程，就在一次的演講課程中，自強認識了一位比自己大了 8 歲的女孩子如育，如育是某場講座的負責人，她的工作就是邀請社會上不同的知名人士來演講，很有想法的如育熱情積極，對於常常參加活動的自強總會主動攀談，因為她很好奇一位大學生怎麼會這麼積極的參與這類型的活動，也很欣賞他的學習與上進心，而自強也從未與一位異

性有這麼多的接觸，更何況兩人都對於生命的成長有共同的想法。很快地兩人因為幾次活動的接觸，愈走愈近，也開始無話不談，偶爾也會相約出去吃飯、看電影，相處時間愈多，自強發現自己似乎愛上了如育，很想跟她交往，8歲的差距似乎對兩人來說，絲毫沒有造成任何的距離。

　　就在一次相約看藝文展覽後，兩人走在美術館旁分享著心得，相談甚歡，自強鼓起勇氣向如育表達自己的愛慕之意，更提出了希望兩人交往的想法。令自強詫異的是如育的沉默，自強緊張的詢問如育是否因為不喜歡自己才會沉默，如育也只是搖搖頭，最後拗不過自強的探問，如育掉著淚說出沉默是因為自己已有未婚夫，預計明年要結婚，但其實自強的出現讓她困惑了，因為自己也深深受自強吸引，所以才會總是答應自強的邀約；這消息彷彿晴天霹靂的打進了自強的心，他不敢相信這是真的，但是看著如育的眼淚，心裡很是心疼，兩人彷彿在自強告白之後，必須要劃分清楚彼此的友誼界線，但是自強又無法放下這段關係，幾番思量之後，自強向如育表示不論是與未婚夫結婚或者是分手與自己在一起，自己都想陪伴在如育的身旁，要她不要為難。

　　一開始，自強的確是能告訴自己扮演一個默默守護的角色，兩人互動也與先前差不多，但是時間久了，自強開始感覺到痛苦，只要見不到如育，就會克制不了的想像，如育與未婚

夫正在做什麼，會不會他們過得很開心，會不會他們兩個正親密的互動，這些想像令自強無法專注在課業上，總想要打電話給如育確認她的行蹤，但又怕讓如育為難，不知該怎麼辦才好的自強，很想找人討論卻又不知道要跟誰談這件事，很怕知道的人會用異樣眼光看待自己這樣的「小三」，但又無法與如育分開。

　　自強想起了學校的諮商中心，曾在入學的時候做過一些測驗幫助每個人瞭解自己，也許可以試著去諮商中心找心理師談談，只是沒想到在與心理師會談前，自強突然有些緊張焦慮，更有些害怕，**不知心理師是否能接受自己是小三，會不會跟大家一樣很厭惡自己，心理師會怎麼看這樣的愛情？又會如何建議自己該怎麼辦？分手還是繼續維持這段三角關係？心理師的愛情價值觀是什麼？會不會一聽到我是小三就不想跟我談了？**

【聽聽心理師怎麼說】

　　自強，突然其來的情感似乎打亂了你的生活重心，但也感受到你一定深受如育的吸引，然而同時也感受到掙扎，既想要多一點擁有又得要適度的克制自己保持一些距離，這真的是充滿挑戰的過程。你會好奇心理師如何看待自己，能否接受自己這樣的小三行為，也是相當正常的，就像你也很擔心任何人知

道這件事一樣，害怕別人會對自己投以異樣的眼光，所以我猜想你也不知道能找誰談，而陷入苦惱中。

　　但，很高興你帶著這樣的議題前來尋找諮商的服務，也對於你能夠這麼真實的說出你的問題感到佩服，因為你重視自己的真實感受，且願意找人來討論而沒有隱藏，也因為你的開放將使心理師更有機會能夠幫助你釐清與找到平衡自己的方法。至於，心理師會不會有自己的價值觀，當然會有，就像是每個心理師會有自己不同的學派依據，對於人生的想法與價值觀也各有不同，但心理師也受過專業的訓練。

　　心理師的專業訓練過程中強調心理師的自我覺察，為的就是能夠意識到自己的價值觀與想法不對個案造成影響，因為晤談是要幫助個案釐清與解決關心的議題，而非強加價值觀告訴個案應該做什麼或不該做什麼，否則將變成「上課訓話」而不是諮商了。

　　也許你會進一步的好奇，那麼心理師會不會明明就很不認同還必須坐在那裡聽自己談話，這樣似乎很不真誠。專業的心理師除了剛剛上述提到的自我覺察，不讓自己的看法強加在個案身上，也會以心理師的專業倫理守則規範為依循，評估自己是否能以個案最大的福祉為考量，若意識到自己真的無法幫助個案，也會適時地進行轉介。

　　因此，請自強放心地談論自己所關切的事，即便會擔心心

理師能否接受身為小三的自己，也鼓勵你直接與心理師談這樣的擔心，當你能夠與心理師開放的談自己的擔心與害怕，心理師愈有可能與你成為合作的夥伴，陪你探討這樣的過程。

參考資料

林家興（民 98），心理師執業之路，臺北，心理。

後記

　　閱讀完本書後，無形中，您也經歷了一段心靈洗滌的過程。因為書中有些故事已經觸動到自己的生命議題。而從「諮商是什麼」到「如何進行諮商」的過程中，想必此時的您對於諮商已經有更多的瞭解，這不但可以幫助自己更熟悉諮商的資源，同時也有機會能夠造福周遭的朋友。想想如果有朋友遭遇困擾向您求助時，您可以適時在當下就給他們一些諮商協助方面的訊息，如此一來，您的朋友除了佩服您知識淵博外，也可能因此而更有勇氣進入諮商，獲得更多的心理支持與協助，也算是功德一件。

　　現在請您記住，這些觸動到您內心的故事對您而言可能是個瞭解的開始。接著您可以自己或結伴大方地走進諮商中心去預約諮商，心理師將陪您探索自己的人生議題，給自己一個改變的機會，就從走進諮商中心開始！

參考資料

中文部分

牛格正（民 85）。諮商實務的挑戰—處理特殊個案的倫理問題，臺北，張老師文化。

李依蓁（民 98）。父母協助生病子女發展完整病識感歷程—以精神分裂症為例。慈濟大學社會工作學研究所碩士論文。

李宗芹（2001）。傾聽身體之歌—舞蹈治療的發展與內涵。臺北：心靈工坊。

李茂興譯（民 85）。諮商與心理治療的理論與實務。臺北：揚智。

沈瑞琳（2010）。綠色療癒力。臺北：城邦。

林家興、王麗文（民 89）。心理治療實務。臺北：心理。

林家興（民 98）。心理師執業之路。臺北：心理。

徐大智、陳慕純（2008）。意象催眠新境界。臺北：元氣齋。

張春興（民 93）。張氏心理學辭典。臺北市：東華。

陸雅青（1999）。藝術治療：繪畫詮釋—從美術進入孩子的心靈世界（第二版）。臺北：心理。

鄔佩麗（民 94）。輔導與諮商心理學。臺北市：東華。

英文部分

Marjorie, B., & Ruth, L. E. M.（1999）. A descriptive study of insight into illness reported by persons with schizophrenia. Journal of Psychosocial Nursing & Mental Health Services.

網路

臺灣心理諮商資訊網—諮商專業倫理研究室。

附錄一　諮商輔導協助單位參考資訊

　　諮商輔導協助單位包括民間醫療院所、基金會、社區諮商機構等類型,以下提供單位機構之資料僅供讀者參考,若想進一步瞭解詳細服務內容及收費方式是否符合所需,請自行聯繫與決定。

單位機構名稱	聯絡電話	備註
東部地區		
宜蘭張老師基金會	全省簡撥碼:1980	免費、收費
生命線協會	全省簡撥碼:1995 專線(要救救我)	免費,由電話或手機撥打 1995,由當地生命線協會協談服務
北部地區		
臺北、桃園、新竹張老師基金會	全省簡撥碼:1980 專線(依舊幫你)	免費、收費

(續)

單位機構名稱	聯絡電話	備註
生命線協會	全省簡撥碼：1995 專線（要救救我）	免費，由電話或手機撥打 1995，由當地生命線協會協談服務
馬偕醫院協談中心	02-25433535 轉 2010	收費
臺灣同志諮詢熱線	02-23921970	電話諮詢服務
財團法人呂旭立紀念文教基金會（臺北總會）	02-2363-5939	收費
懷仁全人發展中心	02-23142424	收費
中部地區		
臺中、彰化、嘉義張老師基金會	全省簡撥碼：1980	免費、收費
生命線協會	全省簡撥碼：1995 專線（要救救我）	免費，由電話或手機撥打 1995，由當地生命線協會協談服務
國立彰化師大社區心理諮商及潛能發展中心	社諮中心專線電話：（04）728-9258	收費

（續）

單位機構名稱	聯絡電話	備註
衛生署社區心理衛生中心	0800-788-995（請幫幫、救救我）	衛生署免付費心理與醫療諮詢服務電話
財團法人呂旭立紀念文教基金會（臺中分會）	04-2305-0211	收費
南部地區		
臺南、高雄張老師基金會	全省簡撥碼：1980	免費、收費
生命線協會	全省簡撥碼：1995 專線（要救救我）	免費，由電話或手機撥打 1995，由當地生命線協會協談服務
臺灣同志諮詢熱線	07-2811823	電話諮詢服務
衛生署社區心理衛生中心	0800-788-995（請幫幫、救救我）	衛生署免付費心理與醫療諮詢服務電話
財團法人呂旭立紀念文教基金會（高雄分會）	07-331-1676	收費

附錄二 心理師法

公布日期 民國 90 年 11 月 21 日

第一章 總則

第 1 條 中華民國國民經臨床心理師考試及格並依本法領有臨床心理師證書者，得充臨床心理師。

中華民國國民經諮商心理師考試及格並依本法領有諮商心理師證書者，得充諮商心理師。

本法所稱之心理師，指前二項之臨床心理師及諮商心理師。

第 2 條 公立或立案之私立大學、獨立學院或符合教育部採認規定之國外大學、獨立學院臨床心理所、系、組或相關心理研究所主修臨床心理，並經實習至少一年成績及格，得有碩士以上學位者，得應臨床心理師考試。

公立或立案之私立大學、獨立學院或符合教育部採認規定之國外大學、獨立學院諮商心理所、系、組或相關心理研究所主修諮商心理，並經實習至少一年成績及格，得有碩士以上學位者，得應諮商心理師考試。

第 3 條 本法所稱主管機關：在中央為行政院衛生署；在直轄市為直轄市政府；在縣（市）為縣（市）政府。

第 4 條 請領臨床心理師或諮商心理師證書，應檢具申請書及資格證明文件，送請中央主管機關核發之。

第 5 條 非領有臨床心理師或諮商心理師證書者，不得使用臨床

心理師或諮商心理師之名稱。

第 6 條　有下列各款情事之一者，不得充臨床心理師或諮商心理師；其已充任者，撤銷或廢止其臨床心理師或諮商心理師證書：

一、曾受本法所定撤銷或廢止臨床心理師或諮商心理師證書處分者。

二、因業務上有關之故意犯罪行為，經有罪判決確定者。

第二章　執業

第 7 條　心理師應向執業所在地直轄市、縣（市）主管機關申請執業登記，領有執業執照，始得執業。

心理師應先於中央主管機關指定之機構執業，接受二年以上臨床實務訓練。

第一項申請執業登記之資格、條件、應檢附文件、執業執照發給、補發、換發及其他應遵行事項之辦法，由中央主管機關定之。

第 8 條　心理師執業，應接受繼續教育，並每六年提出完成繼續教育證明文件，辦理執業執照更新。

前項心理師接受繼續教育之課程內容、積分、實施方式、完成繼續教育證明文件、執業執照更新及其他應遵行事項之辦法，由中央主管機關定之。

第 9 條　有下列情形之一者，不得發給執業執照；已領照者，廢止之：

一、經撤銷或廢止臨床心理師或諮商心理師證書者。

二、經廢止臨床心理師或諮商心理師執業執照未滿一年者。

三、罹患精神疾病或身心狀況違常，經主管機關認定不能執行業務者。

前項第三款原因消失後，仍得依本法規定申請執業執照。

第 10 條　心理師執業以一處為限，並應在所在地直轄市、縣（市）主管機關核准登記之醫療機構、心理治療所、心理諮商所或其他經主管機關認可之機構為之。但機構間之支援或經事先報准者，不在此限。

第 11 條　心理師歇業或停業時，應自事實發生之日起三十日內，報請原發執業執照機關備查。

心理師變更執業處所或復業者，準用第七條關於執業之規定。

心理師死亡者，由原發執業執照機關註銷其執業執照。

第 12 條　心理師執業，應加入所在地臨床心理師或諮商心理師公會。

臨床心理師或諮商心理師公會，不得拒絕具有會員資格者入會。

第 13 條　臨床心理師之業務範圍如下：

一、一般心理狀態與功能之心理衡鑑。

二、精神病或腦部心智功能之心理衡鑑。

三、心理發展偏差與障礙之心理諮商與心理治療。

四、認知、情緒或行為偏差與障礙之心理諮商與心理治療。

五、社會適應偏差與障礙之心理諮商與心理治療。

六、精神官能症之心理諮商與心理治療。

七、精神病或腦部心智功能之心理治療。

八、其他經中央主管機關認可之臨床心理業務。

前項第六款與第七款之業務，應依醫師開具之診斷及照
會或醫囑爲之。

第 14 條　諮商心理師之業務範圍如下：

一、一般心理狀態與功能之心理衡鑑。

二、心理發展偏差與障礙之心理諮商與心理治療。

三、認知、情緒或行爲偏差與障礙之心理諮商與心理治
療。

四、社會適應偏差與障礙之心理諮商與心理治療。

五、精神官能症之心理諮商與心理治療。

六、其他經中央主管機關認可之諮商心理業務。

前項第五款之業務，應依醫師開具之診斷及照會或醫囑
爲之。

第 15 條　心理師執行業務時，應製作紀錄，並載明下列事項：

一、個案當事人之姓名、性別、出生年月日、國民身分
證統一編號及地址。

二、執行臨床心理或諮商心理業務之情形及日期。

三、其他依規定應載明之事項。

第 16 條　心理師執行業務發現個案當事人疑似罹患精神官能症、
精神病或腦部心智功能不全疾病時，應予轉診。

第 17 條　心理師或其執業機構之人員，對於因業務而知悉或持有
個案當事人之秘密，不得無故洩漏。

第 18 條　心理師執行業務時，不得施行手術、電療、使用藥品或
其他醫療行爲。

第 19 條　心理師應謹守專業倫理，維護個案當事人福祉。

心理師執行業務時，應尊重個案當事人之文化背景，
不得因其性別、族群、社經地位、職業、年齡、語言、
宗教或出生地不同而有差別待遇；並應取得個案當事人

或其法定代理人之同意，及告知其應有之權益。

第三章　開業

第 20 條　臨床心理師得設立心理治療所，執行臨床心理業務。

諮商心理師得設立心理諮商所，執行諮商心理業務。

申請設立心理治療所或心理諮商所之臨床心理師或諮商心理師，應依第七條規定，經臨床實務訓練，並取得證明文件，始得爲之。

臨床心理師或諮商心理師設立心理治療所或心理諮商所，應向所在地直轄市、縣（市）主管機關申請核准登記，發給開業執照。

心理治療所及心理諮商所之設置標準，由中央主管機關定之。

第 21 條　心理治療所或心理諮商所應以其申請人爲負責心理師，並對該所業務負督導責任。

心理治療所或心理諮商所負責心理師因故不能執行業務時，應指定合於負責心理師資格者代理之。代理期間超過一個月者，應報請原發開業執照機關備查。

前項代理期間，最長不得逾一年。

第 22 條　心理治療所或心理諮商所名稱之使用或變更，應經原發給開業執照之所在地直轄市、縣（市）主管機關核准。

非心理治療所或心理諮商所，不得使用心理治療所、心理諮商所或類似之名稱。

第 23 條　心理治療所或心理諮商所歇業、停業時，應自事實發生之日起三十日內，報請原發開業執照機關備查。

心理治療所或心理諮商所之登記事項有變更時，應報請原發開業執照機關核准變更登記。

心理治療所或心理諮商所遷移或復業者，準用第二十條第四項關於設立之規定。

第 24 條　心理治療所或心理諮商所應將其開業執照、收費標準及所屬臨床心理師、諮商心理師之臨床心理師證書、諮商心理師證書，揭示於明顯處。

第 25 條　心理治療所或心理諮商所對於執行業務之紀錄及醫師開具之診斷、照會或醫囑，應妥為保管，並至少保存十年。

第 26 條　心理治療所或心理諮商所收取費用，應開給收費明細表及收據。

心理治療所或心理諮商所不得違反收費標準，超額或自立名目收費。

前項收費標準，由直轄市、縣（市）主管機關定之。

第 27 條　心理治療所或心理諮商所之廣告內容，以下列事項為限：

一、心理治療所或心理諮商所之名稱、開業執照字號、地址、電話及交通路線。

二、臨床心理師、諮商心理師之姓名及其證書字號。

三、業務項目。

四、其他經中央主管機關公告容許登載或宣播之事項。

非心理治療所或心理諮商所，不得為心理治療或心理諮商廣告。

第 28 條　心理治療所或心理諮商所不得以不正當方法，招攬業務。

心理師及其執業機構之人員，不得利用業務上之機會，獲取不正當利益。

第 29 條　心理治療所或心理諮商所應依法令規定或依主管機關

之通知，提出報告；並接受主管機關對其人員、設備、
衛生、安全、收費情形、作業等之檢查及資料蒐集。

第 30 條　經主管機關依第十條規定認可之機構，設有臨床心理或
諮商心理單位或部門者，準用本章之規定。

第四章　罰則

第 31 條　違反第七條第一項、第八條第一項、第十條、第十一條
第一項、第二項、第十二條第一項或第十五條規定者，
處新臺幣一萬元以上五萬元以下罰鍰。
違反第七條第一項、第八條第一項、第十一條第一項、
第二項或第十二條第一項規定者，除依前項規定處罰
外，並令其限期改善；屆期未改善者，處一個月以上一
年以下停業處分。
臨床心理師公會或諮商心理師公會違反第十二條第二
項規定者，由人民團體主管機關處新臺幣一萬元以上五
萬元以下罰鍰，並令其限期改善；屆期未改善者，按日
連續處罰。

第 32 條　心理師受停業處分仍執行業務者，廢止其執業執照；受
廢止執業執照處分仍執行業務者，廢止其臨床心理師證
書或諮商心理師證書。

第 33 條　心理治療所或心理諮商所有下列各款情形之一者，廢止
其開業執照：
一、容留未具臨床心理師或諮商心理師資格人員擅自執
行臨床心理師業務或諮商心理師業務。
二、受停業處分而不停業。

第 34 條　違反第二十二條第一項、第二十三條第一項、第二項、
第二十四條、第二十五條、第二十九條規定或未符合依

第二十條第五項所定之標準者，處新臺幣一萬元以上五萬元以下罰鍰。

違反第二十二條第一項、第二十三條第一項、第二項、第二十四條規定或未符合依第二十條第五項所定之標準者，除依前項規定處罰外，並令其限期改善；屆期未改善者，處一個月以上一年以下停業處分。

第 35 條　違反第二十條第四項、第二十三條第三項、第二十六條第一項、第二項、第二十七條第一項或第二十八條規定者，處新臺幣二萬元以上十萬元以下罰鍰。

違反第二十六條第一項、第二項或第二十八條第一項規定者，除依前項規定處罰外，並令其限期改善或將超收部分退還個案當事人；屆期未改善或退還者，處一個月以上一年以下停業處分或廢止其開業執照。

第 36 條　違反第五條、第十七條、第二十二條第二項或第二十七條第二項規定者，處新臺幣三萬元以上十五萬元以下罰鍰。

第 37 條　心理師違反第七條第一項、第十條、第十一條第一項、第二項、第十五條、第十七條或第二十七條第二項規定之一，經依第三十一條或前條規定處罰者，對其執業機構亦處以各該條之罰鍰。但其他法律另有處罰規定者，從其規定。

第 38 條　心理治療所或心理諮商所受停業處分或廢止開業執照者，應同時對其負責心理師予以停業處分或廢止其執業執照。

心理治療所或心理諮商所之負責心理師受停業處分或廢止其執業執照時，應同時對該心理治療所或心理諮商所予以停業處分或廢止其開業執照。

第 39 條　心理治療所或心理諮商所受廢止開業執照處分，仍繼續開業者，廢止其負責心理師之臨床心理師證書或諮商心理師證書。

第 40 條　心理師將其證照租借他人使用者，廢止其臨床心理師證書或諮商心理師證書。

第 41 條　心理師於業務上有違法或不正當行為者，除本法另有規定外，處新臺幣二萬元以上十萬元以下罰鍰；其情節重大者，並處一個月以上一年以下停業處分或廢止其執業執照。

第 42 條　未取得臨床心理師或諮商心理師資格，擅自執行臨床心理師或諮商心理師業務者，處二年以下有期徒刑，得併科新臺幣三萬元以上十五萬元以下罰金。但醫師或在中央主管機關認可之醫院、機構於醫師、臨床心理師、諮商心理師指導下實習之下列人員，不在此限：

一、大學以上醫事或心理相關系、科之學生。

二、大學或獨立學院臨床心理、諮商心理所、系、組或相關心理研究所主修臨床心理或諮商心理之學生或自取得碩士以上學位日起三年內之畢業生。

護理人員、職能治療師、職能治療生、社會工作師或其他專門職業及技術人員等依其專門職業法律規定執行業務，涉及執行本法所定業務時，不視為違反前項規定。

從事心理輔導工作者，涉及執行第十四條第一項第二款至第四款所定業務，不視為違反第一項規定。

第 43 條　臨床心理師違反第十三條第二項或諮商心理師違反第十四條第二項規定者，處一年以下有期徒刑，得併科新臺幣三萬元以上十五萬元以下罰金。

心理師違反第十八條規定者，處一年以上三年以下有期徒刑，得併科新臺幣三萬元以上十五萬元以下罰金，其所使用之藥械沒收之。

第 44 條 本法所定之罰鍰，於心理治療所或心理諮商所，處罰其負責心理師。

第 45 條 本法所定之罰鍰、停業、廢止執業執照或開業執照，除本法另有規定外，由直轄市、縣（市）主管機關為之；撤銷或廢止臨床心理師證書或諮商心理師證書，由中央主管機關為之。

第 46 條 依本法所處之罰鍰，經限期繳納，屆期未繳納者，依法移送強制執行。

第五章　公會

第 47 條 臨床心理師公會或諮商心理師公會之主管機關為人民團體主管機關。但其目的事業，應受主管機關之指導、監督。

第 48 條 臨床心理師公會或諮商心理師公會分直轄市及縣（市）公會，並得設全國聯合會。
臨床心理師公會或諮商心理師公會會址應設於各該公會主管機關所在地區。但經各該主管機關核准者，不在此限。

第 49 條 臨床心理師公會或諮商心理師公會之區域，依現有之行政區域；在同一區域內，同級之公會以一個為限。

第 50 條 直轄市、縣（市）臨床心理師公會或諮商心理師公會，由該轄區域內臨床心理師、諮商心理師各九人以上發起組織之；其未滿九人者，得加入鄰近區域之公會。

第 51 條 臨床心理師公會或諮商心理師公會全國聯合會之設立，

應由各三分之一以上之直轄市、縣（市）臨床心理師公會、諮商心理師公會完成組織後，始得發起組織。

第 52 條　臨床心理師公會或諮商心理師公會置理事、監事，均於召開會員（會員代表）大會時，由會員（會員代表）選舉之，並分別成立理事會、監事會，其名額如下：

一、縣（市）臨床心理師公會或諮商心理師公會之理事不得超過十五人。

二、直轄市臨床心理師公會或諮商心理師公會之理事不得超過二十五人。

三、臨床心理師公會或諮商心理師公會全國聯合會之理事不得超過三十五人。

四、各級臨床心理師公會或諮商心理師公會之理事名額不得超過全體會員（會員代表）人數二分之一。

五、各級臨床心理師公會或諮商心理師公會之監事名額不得超過各該公會理事名額三分之一。

各級臨床心理師公會或諮商心理師公會得置候補理事、候補監事，其名額不得超過各該公會理事、監事名額三分之一。

理事、監事名額在三人以上時，得分別互選常務理事及常務監事；其名額不得超過理事或監事總額三分之一，並應由理事就常務理事中選舉一人為理事長；其不置常務理事者，就理事中互選之。常務監事在三人以上時，應互推一人為監事會召集人。

第 53 條　理事、監事任期均為三年，其連選連任者不得超過二分之一；理事長之連任，以一次為限。

第 54 條　臨床心理師公會或諮商心理師公會全國聯合會理事、監事之當選，不以直轄市、縣（市）臨床心理師公會或諮

商心理師公會選派參加之會員代表爲限。

直轄市、縣（市）臨床心理師公會或諮商心理師公會選派參加其全國聯合會之會員代表，不以其理事、監事爲限。

第 55 條　臨床心理師公會或諮商心理師公會每年召開會員（會員代表）大會一次，必要時，得召集臨時大會。

臨床心理師公會或諮商心理師公會會員人數超過三百人以上時，得依章程之規定就會員分布狀況劃定區域，按其會員人數比例選出代表，召開會員代表大會，行使會員大會之職權。

第 56 條　臨床心理師公會或諮商心理師公會應訂立章程，造具會員名冊及選任職員簡歷冊，送請所在地人民團體主管機關立案，並分送中央及直轄市、縣（市）主管機關備查。

第 57 條　各級臨床心理師公會及諮商心理師公會之章程應載明下列事項：

一、名稱、區域及會所所在地。

二、宗旨、組織及任務。

三、會員之入會及出會。

四、會員代表之產生及其任期。

五、理事、監事名額、權限、任期及其選任、解任。

六、會員（會員代表）大會及理事會、監事會會議之規定。

七、會員應遵守之專業倫理規範與公約。

八、經費及會計。

九、章程之修改。

一〇、其他依法令規定應載明或處理會務之必要事項。

第 58 條　直轄市、縣（市）臨床心理師公會或諮商心理師公會對

臨床心理師公會或諮商心理師公會全國聯合會之章程、
專業倫理規範及決議，有遵守義務。

臨床心理師公會或諮商心理師公會有違反法令、章程、
專業倫理規範或其全國聯合會章程、決議者，人民團體
主管機關得爲下列處分：

一、警告。

二、撤銷其決議。

三、撤免其理事、監事。

四、限期整理。

前項第一款、第二款處分，亦得由主管機關爲之。

第 59 條　臨床心理師公會或諮商心理師公會會員有違反法令、章
程或專業倫理規範之行爲者，公會得依章程、理事會、
監事會或會員（會員代表）大會決議予以處分。

第六章　附則

第 60 條　外國人及華僑得依中華民國法律，應臨床心理師或諮商
心理師考試。

前項考試及格，領有臨床心理師或諮商心理師證書之外
國人及華僑，在中華民國執行業務，應經中央主管機關
許可，並應遵守中華民國關於臨床心理及諮商心理之相
關法令、專業倫理規範及臨床心理師公會或諮商心理師
公會章程；其執業之許可及管理辦法，由中央主管機關
定之。

違反前項規定者，除依法處罰外，中央主管機關並得廢
止其許可。

第 61 條　具有下列資格之一，經中央主管機關審查合格者，得應
臨床心理師特種考試：

一、本法公布施行前，曾在醫療機構從事臨床心理業務滿二年，並具專科以上學校畢業資格。

二、本法公布施行前，曾在醫療機構從事臨床心理業務滿一年，並具大學、獨立學院相關心理所、系、組碩士以上學位。

具有下列資格之一，經中央主管機關審查合格者，得應諮商心理師特種考試：

一、本法公布施行前，曾在醫療機構、大專院校之輔導或諮商中心、社區性心理衛生中心從事諮商心理業務滿二年，並具大學、獨立學院以上學校畢業資格。

二、本法公布施行前，曾在醫療機構、大專院校之輔導或諮商中心、社區性心理衛生中心從事諮商心理業務滿一年，並具大學、獨立學院相關心理、諮商、輔導所、系、組碩士以上學位。

三、本法公布施行前，曾在政府立案有心理諮商或心理輔導業務之機構，從事諮商心理業務滿三年，並具大學、獨立學院以上學校畢業資格。

前二項特種考試，於本法公布施行後五年內舉辦三次。大學或獨立學院臨床心理、諮商心理所、系、組或相關心理研究所主修臨床心理或諮商心理之畢業生及符合第一項、第二項規定資格者，於本法公布施行之日起五年內，免依第四十二條第一項規定處罰。本法公布施行前，經公務人員高等考試三級考試公職臨床心理師考試及格者，得申請專門職業及技術人員高等考試臨床心理師考試全部科目免試。

第 62 條　中央或直轄市、縣（市）主管機關依本法核發證書或執照時，得收取證書費或執照費；其費額，由中央主管機

　　　　關定之。
第 63 條　本法施行細則，由中央主管機關定之。
第 64 條　本法自公布日施行。

附錄三　臺灣輔導與諮商學會諮商專業倫理守則

1. 總則

1.1. 諮商的目的	諮商的主要目的在維護當事人的基本權益，並促進當事人及社會的福祉。
1.2. 認識倫理守則	諮商師應確認其專業操守會影響本專業的聲譽及社會大眾的信任，自應謹言慎行，知悉並謹遵其專業倫理守則。
1.3. 專業責任	諮商師應認清自己的專業、倫理及法律責任，以維護諮商服務的專業品質。
1.4. 與服務機構合作	服務於學校或機構的諮商師應遵守學校或該機構的政策和規章，在不違反專業倫理的原則下，應表現高度的合作精神。
1.5. 責任衝突	諮商師若與其服務之學校或機構之政策發生倫理責任衝突時，應表明自己須遵守專業倫理守則的責任，並設法尋求合理的解決。
1.6. 諮商師同仁	若發現諮商師同仁有違反專業倫理的行為，應予以規勸，若規勸無效，應利用適當之管道予以矯正，以維護諮商專業之聲譽及當事人之權益。

1.7. 諮詢請益	諮商師若對自己的倫理判斷存疑時，應就教諮商師同仁或諮商專家學者，共商解決之道。
1.8. 倫理委員會	本會設有倫理委員會，以落實執行倫理守則，接受倫理問題之申訴，提供倫理疑難之諮詢，並處理違反諮商專業倫理守則之案件。諮商師應與倫理委員會密切合作。

2. 諮商關係

2.1. 當事人的福祉	
2.1.1. 諮商關係的性質	諮商師應確認其與當事人的關係是專業、倫理及契約關係，諮商師應善盡其因諮商關係而產生的專業、倫理及法律責任。
2.1.2. 諮商師的責任	諮商師的首要責任是尊重當事人的人格尊嚴與潛能，並保障其權益，促進其福祉。
2.1.3. 成長與發展	諮商師應鼓勵當事人自我成長與發展，避免其養成依賴諮商關係的習性。
2.1.4. 諮商計畫	諮商師應根據當事人的需要、能力及身心狀況，與其共同研擬諮商計劃，討論並評估計劃的可行性及預期的效果，盡量尊重當事人的自由決定權，並為其最佳利益著想。

2.1.5. 利用環境資源	當事人的問題多與其所處環境有關，諮商師應善用其環境資源，特別是家庭資源，協助其解決問題，並滿足其需要。
2.1.6. 價值影響	諮商師應尊重當事人的價值觀，不應強爲當事人做任何的決定，或強制其接受諮商師的價值觀。
2.2 當事人的權利	
2.2.1. 自主權	諮商師應尊重當事人的自由決定權。 （1）諮商同意權：當事人有接受或拒絕諮商的權利，諮商師在諮商前應告知諮商關係的性質、目的、過程、技術的運用、限制及損益等，以幫助當事人做決定。 （2）自由選擇權： 在個別或團體諮商關係中，當事人有選擇參與或拒絕參與諮商師所安排的技術演練或活動、退出或結束諮商的權利，諮商師不得予以強制。 （3）未成年當事人：爲未成年人諮商時，諮商師應以未成年當事人的最佳利益著想，並尊重父母或監護人的合法監護權，需要時，應徵求其同意。 （4）無能力做決定者：若當事人因身心障礙而無能力做決定時，諮商師應以當事人最佳利益著想，並應尊重其合法監護人或第三責任者的意見。

2.2.2. 公平待遇權	當事人有要求公平待遇的權利，諮商師實施諮商服務時，應尊重當事人的文化背景與個別差異，不得因年齡、性別、種族、國籍、出生地、宗教信仰、政治立場、性別取向、生理殘障、語言、社經地位等因素而予以歧視。
2.2.3. 受益權	諮商師應為當事人的最佳利益著想，提供當事人專業諮商服務，維護其人格之尊嚴，並促進其健全人格之成長與發展。（參看 2.1）
2.2.4. 免受傷害權	諮商師應謹言慎行，避免對當事人造成傷害。 （1）覺知能力限制：諮商師應知道自己的能力限制，不得接受超越個人專業能力的個案。 （2）覺察個人的需要：諮商師應覺知自己的內在需要，不得利用當事人滿足個人的需要。 （3）覺知個人的價值觀：諮商師應覺知自己的價值觀、信念、態度和行為，不得強制當事人接受諮商師的價值觀。（參看 2.1.6） （4）雙重關係：諮商師應盡可能避免與當事人有雙重關係，例如下述，但不止於此：親屬關係、社交關係、商業關係、親密的個人關係及性關係等，以免影響諮商師的客觀判斷，對當事人造成傷害。 （5）親密及性關係：諮商師不可與當

	事人或與已結束諮商關係未超過兩年的當事人建立親密或性關係,以免造成當事人身心的傷害。諮商師若與已結束諮商關係兩年以上的當事人建立親密或性關係,必須證明此等關係不具剝削的特質,且非發展自諮商關係。 (6)團體諮商:諮商師領導諮商團體時,應審慎甄選成員,以符合團體的性質、目的及成員的需要,並維護其他成員的權益。運用團體諮商技術及領導活動時,應考量自己的專業知能、技術及活動的危險性,做好適當的安全措施,以保護成員免受身心的傷害。
2.2.5. 要求忠誠權	當事人有要求諮商師信守承諾的權利,諮商師應對當事人忠誠,信守承諾。
2.2.6. 隱私權	當事人有天賦及受憲法保障的隱私權,諮商師應予尊重。
2.3. 諮商機密	
2.3.1. 保密責任	基於當事人的隱私權,當事人有權要求諮商師為其保密,諮商師也有責任為其保守諮商機密。
2.3.2. 預警責任	當事人的行為若對其本人或第三者有嚴重危險時,諮商師有向其合法監護人或第三者預警的責任。
2.3.3. 保密的特殊情況	保密是諮商師工作的基本原則,但在以下的情況下則是涉及保密的特殊情況: (1)隱私權為當事人所有,當事人有

	權親身或透過法律代表而決定放棄。 （2）保密的例外：在涉及有緊急的危險性，危及當事人或其他第三者。 （3）諮商師負有預警責任時。（參看2.3.2） （4）法律的規定。 （5）當事人有致命危險的傳染疾病等。 （6）評估當事人有自殺危險時。 （7）當事人涉及刑案時等。
2.3.4. 當事人的最佳利益	基於上述的保密限制，諮商師必須透露諮商資料時，應先考慮當事人的最佳利益，再提供相關的資料。
2.3.5. 非專業人員	與諮商師共事的非專業人員，包括助理、雇員、實習學生及義工等，若有機會接觸諮商資料時，應告誡他們為當事人保密的責任。
2.3.6. 個案研究	若為諮商師教育、訓練、研究或諮詢之需要，必須運用諮商資料時，諮商師應預先告知當事人，並徵得其同意。
2.3.7. 團體諮商	領導諮商團體時，諮商師應告知成員保密的重要性及困難，隨時提醒成員保密的責任，並勸告成員為自己設定公開隱私的界線。
2.3.8. 家庭諮商	實施家庭諮商時，諮商師有為家庭成員個人保密的責任，沒有該成員的許可，不可把其諮商資料告知其他家庭成員。

2.3.9. 未成年人諮商	未成年人諮商時，諮商師亦應尊重其隱私權，並為其最佳利益著想，採取適當的保密措施。
2.3.10. 諮商資料保管	諮商師應妥善保管諮商機密資料，包括諮商記錄、其他相關的書面資料、電腦處理的資料、個別或團體錄音或錄影帶、及測驗資料等。 （1）諮商記錄：未經當事人的同意，任何形式的諮商記錄不得外洩。 （2）本人查閱：當事人本人有權查看其諮商記錄及測驗資料，諮商師不得拒絕，除非這些諮商資料可能對其產生誤導或不利的影響。 （3）合法監護人查看：合法監護人或合法的第三責任者要求查看當事人的諮商資料時，諮商師應先瞭解其動機，評估當事人的最佳利益，並徵得當事人的同意。 （4）其他人士查看：其他人包括導師、任課教師、行政人員等要求查看當事人的諮商資料時，諮商師應視具體情況及實際需要，為當事人的最佳利益著想，並須徵得當事人的同意後，審慎處理。 （5）諮商資料轉移：未徵得當事人同意，諮商師不可轉移諮商資料給他人；經當事人同意時，諮商師應採取適當的安全措施進行諮商資料之轉移。 （6）研究需要：　若為研究之需要須參

	考當事人的諮商資料時，諮商師應為當事人的身分保密，並預先徵得其同意。 （7）演講或出版：若發表演講、著作、文章、或研究報告需要利用當事人的諮商資料時，應先徵求其同意，並應讓當事人預閱稿件的內容，才可發表。 （8）討論與諮詢：若為專業的目的，需要討論諮商的內容時，諮商師只能與本案有關的關係人討論。若為諮詢的目的，需要做口頭或書面報告時，應設法為當事人的身分保密，並避免涉及當事人的隱私。
2.4. 諮商收費	
2.4.1. 免費諮商	服務於學校或機構的諮商師為本校學生或機構內人員諮商，乃係諮商師的份內事，不得另外收費。
2.4.2. 收費標準	自行開業或服務於社區諮商中心的諮商師可以收費，但應訂定合理的收費標準。合理的收費標準應比照當地其他助人機構一般收費的情形而定，並應顧及當事人的經濟狀況，容有彈性的付費措施。
2.4.3. 預先聲明	實施諮商前，諮商師應向當事人說明諮商專業服務的收費規定。
2.4.4. 收受饋贈	諮商師應避免收受當事人饋贈的貴重禮物，以免混淆諮商關係或引發誤會及嫌疑。

2.5. 運用電腦及測驗資料	
2.5.1. 電腦科技的運用	在諮商過程中運用電腦科技時，諮商師應注意以下的事項： （1）確知當事人是否有能力運用電腦化系統諮商。 （2）用電腦化系統諮商是否符合當事人的需要。 （3）當事人是否瞭解用電腦化系統諮商的目的及功能。 （4）追蹤當事人運用的情形，導正可能產生的誤解，找出不適當的運用方式，並評估其繼續使用的需要。 （5）向當事人說明電腦科技的限制，並提醒當事人審慎利用電腦科技所提供的資料。
2.5.2 . 測驗資料的應用	在諮商過程中運用測驗資料時，諮商師應注意： （1）解釋測驗資料應力求客觀、正確及完整，並避免偏見和成見、誤解及不實的報導。 （2）審慎配合其他測驗結果及測驗以外的資料做解釋，避免以偏概全的錯誤。
2.6. 轉介與結束諮商	
2.6.1. 轉介時機	因故不能繼續給當事人諮商時，應予轉介。 （1）當事人自動要求結束諮商：若當

	事人自動要求結束諮商，而諮商師研判其需要繼續諮商時，諮商師應協調其他輔助資源，予以轉介。 （2）專業知能限制：若當事人的問題超越諮商師的專業能力，不能給予諮商時，應予轉介。（參看 2.2.4.（1）） （3）雙重關係的介入：若因雙重關係的介入而有影響諮商師的客觀判斷或對當事人有傷害之虞時，應予轉介。
2.6.2. 禁止遺棄	諮商師不得假借任何藉口忽略或遺棄當事人而終止諮商，應為當事人安排其他管道，使能繼續尋求協助。
2.6.3. 轉介資源	為便利轉介服務，諮商師應熟悉適當的轉介資源，協助當事人獲得其需要的幫助。
2.6.4. 結束諮商的時機	在以下的情形下，諮商師可徵求當事人同意結束諮商： （1）當事人不再受益時，可結束諮商。 （2）當事人不需要繼續諮商服務時，可結束諮商。 （3）諮商不符合當事人的需要和利益時，可結束諮商。 （4）當事人主動要求轉介時，無須繼續諮商。 （5）當事人不按規定付費或因服務機構的限制不准提供諮商服務時，可結束諮商。 （6）有傷害性雙重關係介入而不利諮商時，應停止諮商關係，並予轉介。

3. 諮商師的責任

3.1. 諮商師的專業責任	
3.1.1. 熟悉專業倫理守則	諮商師應熟悉其本職的專業倫理守則及行為規範。
3.1.2. 專業知能	為有效提供諮商專業服務，諮商師應接受適當的諮商專業教育及訓練，具備最低限度的專業知能。
3.1.3. 充實新知	諮商師應不斷進修，充實專業知能，以促進其專業成長，提昇專業服務品質。
3.1.4. 能力限制	諮商師應覺知自己的專業知能限制，不得接受或處理超越個人專業知能的個案。（參看 2.2.4.（1））
3.1.5. 專業領域	從事不同專業領域的諮商師，應具備該專業所需要的專業知能、訓練、經驗和資格。
3.1.6. 自我瞭解	諮商師應對個人的身心狀況提高警覺，若發現自己身心狀況欠佳，則不宜從事諮商工作，以免對當事人造成傷害，必要時，應暫停諮商服務。（參看 2.2.4.（2））
3.2. 諮商師的倫理及社會責任	
3.2.1. 提昇倫理意識與警覺	諮商師應培養自己的倫理意識，提昇倫理警覺，並重視個人的專業操守，盡好自己的倫理及社會責任。

3.2.2. 維護當事人的權益	諮商師的首要倫理責任，即在維護當事人的基本權益，並促進其福利。（參看 2.1.2；2.2.1-2.2.6）
3.2.3 公開陳述	諮商師在公開陳述其專業資格與服務時應符合本倫理守則之要求。所謂公開陳述包括但不限於下述方式：付費或免費之廣告、手冊、印刷品、名錄、個人履歷表或資歷表、大眾媒體上之訪談或評論、在法律程序中的陳述、演講或公開演說、出版資料及網頁內容等。 （1）宣傳廣告： 以任何形式做諮商服務宣傳或廣告時，其內容應客觀正確，不得以不實的內容誤導社會大眾。 （2）諮商師在委託他人為其專業工作、作品或活動促銷時，應擔負他人所作公開陳述之專業責任。 （3）諮商師若得知他人對自身工作做不正確之陳述時，應力求矯正該陳述。 （4）諮商師應避免不實之公開陳述，包括但不限於下述內容：1.所受之訓練、經驗或能力；2.學分；3.證照；4.所屬之機構或組織；5.所提供之專業服務；6.所提供專業服務之學理基礎或實施成效；7.收費標準；8.研究發表。
3.2.4. 假公濟私	有自行開業的諮商師不得藉由其在所屬機構服務之便，為自己招攬當事人。

3.2.5. 工作報告	發表諮商工作報告時,諮商師應力求具體、客觀及正確,給人真實的印象。
3.2.6. 避免歧視	諮商師不得假借任何藉口歧視當事人、學生或被督導者。(參看 2.2.2)
3.2.7. 性騷擾	諮商師不可對當事人做語言或行為的性騷擾,應切記自己的專業角色及身為諮商師的專業身分。(參看 2.2.4.(5))
3.2.8. 媒體呈現	諮商師透過媒體演說、示範、廣播、電視、錄影帶、印刷品、郵件、網路或其他媒體以提供正確之訊息,媒體從事諮商、諮詢、輔導或教育推廣工作時,應注意理論與實務的根據,符合諮商專業倫理規範,並慎防聽眾與觀眾可能產生的誤解。
3.2.9. 圖利自己	諮商師不得利用其專業地位,圖謀私利。
3.2.10. 互相尊重	諮商師應尊重同事的不同理念和立場,不得冒充其他同事的代言人。
3.2.11. 合作精神	諮商師應與其他助人者及專業人員建立良好的合作關係,並表現高度的合作精神,尊重各人應遵循的專業倫理守則。
3.2.12. 提高警覺	服務於機構的諮商師,對雇主可能不利於諮商師倫理責任的言行、態度,或阻礙諮商效果的措施,提高警覺。

4. 諮詢

4.1. 諮詢的意義	提供諮詢是鼓勵當事人自我指導、適應及成長的關係和過程。
4.2. 瞭解問題	諮商師提供諮詢時，應設法對問題的界定、改變的目標及處理問題的預期結果與當事人達成清楚的瞭解。
4.3. 諮詢能力	諮商師應確定自己有提供諮詢的能力，並知悉適當的轉介資源。（參看 2.6.3）
4.4. 選擇諮詢對象	為幫助當事人解決問題需要請教其他專業人員時，諮商師應審慎選擇提供諮詢的專業人員，並避免陷對方於利益衝突的情境或困境。
4.5. 保密	在諮詢過程中所獲得的資料應予保密。（參看 2.3.10.（8））
4.6. 收費	諮商師為所服務機構的人員提供諮詢時，不得另外收費或接受報酬。（參看 2.4.1）

5. 測驗與評量

5.1. 專業知能	諮商師實施或運用測驗於諮商時，應對該測驗及評量方法有適當的專業知能和訓練。
5.2. 知後同意權	實施測驗或評量之前，諮商師應告知當事人測驗與評量的性質、目的及結果的運用，尊重其自主決定權。（參看 2.2.1）

5.3. 當事人的福利	測驗與評量的主要目的在促進當事人的福利，諮商師不得濫用測驗及評量的結果和解釋，並應尊重當事人知悉測驗與評量結果及解釋的權利。（參看 1.1；2.3.10.（2））
5.4. 測驗選擇及應用	諮商師應審慎選用測驗與評量的工具，評估其信度、效度及實用性，並妥善解釋及應用測驗與評量的分數及結果，避免誤導。
5.5. 正確資訊	說明測驗與評量工具技術時，諮商師應提供正確的訊息，避免導致誤解。（參看 2.2.1.（1））
5.6. 解釋結果	解釋測驗及評量結果時，諮商師應考慮當事人的需要、理解能力及意見，並參考其他相關的資料，做客觀、正確和適當的解釋。（參看 2.5.2.（1）（2））
5.7. 智慧財產權	諮商師選用測驗及評量工具時，應尊重編製者的智慧財產權，並徵得其同意，以免違反著作權法。
5.8. 施測環境	諮商師應注意施測環境，使符合標準化測驗的要求。若施測環境不佳、或受測者行為表現異常、或有違規事件發生，應在解釋測驗結果時註明，得視實際情況，對測驗結果之有效性做適當的評估。
5.9. 實施測驗	測驗與評量工具若無自行施測或自行計分的設計，均應在施測者監督下實施。

5.10. 電腦施測	諮商師若利用電腦或電子科技施測，應確定其施測的功能及評量結果的正確性。（參看 2.5.1、2.5.2）
5.11. 報告結果	撰寫測驗或評量結果報告時，諮商師須考慮當事人的個別差異、施測環境及參照常模等因素，並指出該測驗或評量工具的信度及效度的限制。
5.12. 測驗時效	諮商師應避免選用已失時效之測驗及測驗資料，亦應防止他人使用。
5.13. 測驗編製	諮商師在運用心理測驗及其他評量技術發展和進行研究時，應運用科學之程序與先進之專業知識進行測驗之設計、標準化、信效度考驗，以力求避免偏差，並提供完善的使用說明。

6. 研究與出版

6.1. 以人為研究對象	諮商師若以人為研究對象，應尊重人的基本權益，遵守倫理、法律、服務機構之規定、及人類科學的標準，並注意研究對象的個別及文化差異。
6.2. 研究主持	研究主持人應負起該研究所涉及的倫理責任，其他參與研究者，除分擔研究的倫理責任外，對其個人行為應負全責。
6.3. 行為規範	諮商師應遵循做研究的倫理規範，若研究問題偏離研究倫理標準時，應特別注意防範研究對象的權益受損。

6.4. 安全措施	諮商師應對研究對象的身心安全負責，在實驗研究過程中應先做好安全措施。（參看 2.2.4.（5））
6.5. 徵求同意	
6.5.1 自由決定	諮商師應尊重研究對象的自由決定權，事先應向研究對象說明研究的性質、目的、過程、方法與技術的運用、可能遭遇的困擾、保密原則及限制、以及諮商師及研究對象雙方的義務等。（參看 2.2.1）
6.5.2 主動參與	參與研究以主動參與為原則，除非此研究必須有其參與才能完成，而此研究也確實對其有利而無害。
6.5.3 缺乏判斷能力者	研究對象缺乏判斷能力不能給予同意時，諮商師應盡力解釋使其瞭解，並徵求其合法監護人或第三責任者的同意。（參看 2.2.1.（3）、2.2.1（4））
6.5.4 退出參與	研究對象有拒絕或退出參與研究的權利，諮商師不得以任何方式予以強制。（參看 2.2.1.）
6.5.5 隱瞞或欺騙	諮商師不可用隱瞞或欺騙的方法對待研究對象，除非這種方法對預期的研究結果有必要，且無其他方法可以代替，但事後應向研究對象做適當的說明。
6.6. 解釋研究結果	

6.6.1 解釋蒐集的資料	完成資料蒐集後，諮商師應向研究對象澄清研究的性質及資料的運用，不得延遲或隱瞞，以免引發誤解。
6.6.2 解釋研究結果	研究完成後，諮商師應向研究對象詳細解釋研究的結果，並應抱持客觀、正確及公正的態度，避免誤導。
6.6.3 糾正錯誤	發現研究結果有誤或對當事人不利時，諮商師應立即查察、糾正或消除不利現象及其可能造成的影響，並應把實情告知研究對象。
6.6.4 控制組的處理	實驗研究需要控制組，實驗研究結束後，應對控制組的成員給予適當的處理。
6.7. 撰寫研究報告	
6.7.1 客觀正確	撰寫研究報告時，諮商師應將研究設計、研究過程、研究結果及研究限制等做詳實、客觀及正確的說明和討論，不得有虛假不實的錯誤資料、偏見或成見。
6.7.2 誠實報導	發現研究結果對研究計劃、預期效果、實務工作、諮商理念、或投資利益有不符合或不利時，諮商師仍應照實陳述，不得隱瞞。
6.7.3 保密	諮商師撰寫報告時，應為研究對象的身分保密，若引用他人研究的資料時，亦應對其研究對象的身份保密。（參看 2.3.1；2.3.10.（6））

6.8. 發表或出版	
6.8.1 尊重智慧財產權	發表或出版研究著作時，應注意出版法和智慧財產權保護法。（參看5.7）
6.8.2 註明原著者	發表之著作引用其他研究者或作者之言論或資料時，應註明原著者及資料的來源。
6.8.3 二人以上合著	發表或出版之研究報告或著作為二人以上合著，應以適當的方式註明其他作者，不得以自己個人的名義發表或出版。
6.8.4 對著作有特殊貢獻者	對所發表或出版之著作有特殊貢獻者，應以適當的方式給予鄭重而明確的聲明。
6.8.5 利用學生的報告或論文	所發表的文章或著作之主要內容係根據學生之研究報告或論文，應以該學生為主要作者。

7. 教學與督導

7.1. 專業倫理知能	從事諮商師教育、訓練或督導之諮商師，應熟悉與本職相關的專業倫理，並提醒學生及被督導者應負的專業倫理責任。
7.2. 告知督導過程	督導者應向被督導者說明督導的目的、過程、評鑑方式及標準，並於督導過程中給予定期的回饋及改進的建議。
7.3. 雙重關係	諮商師教育者應清楚地界定其與學生及被督導者的專業及倫理關係，不得與學

	生或被督導者介入諮商關係，親密或性關係。（參看 2.2.4.（4）；2.2.4.（5））
7.4. 督導實習	督導學生實習時，督導者應具備督導的資格，善盡督導的責任，使被督導者獲得充分的實務準備訓練和經驗。
7.5. 連帶責任	從事諮商師教育與督導者，應確實瞭解並評估學生的專業能力，是否能勝任諮商專業工作。 若因教學或督導之疏失而發生有受督導者不稱職或傷害當事人福祉之情事，諮商師教育與督導者應負連帶的倫理責任。
7.6. 人格陶冶	諮商師教育者及督導者教學與提昇學生的專業知能外，更應注意學生的專業人格陶冶，並培養其敬業樂業的服務精神。
7.7. 專業倫理訓練	從事諮商師教育者應給學生適當的倫理教育與訓練，提昇其倫理意識、警覺和責任感，並增強其倫理判斷的能力。
7.8. 理論與實務相結合	諮商師教育者應提供學生多元化的諮商理念與技術，培養其邏輯思考、批判思考、比較及統整的能力，使其在諮商實務中知所選擇及應用。
7.9. 注意個別差異	諮商師教育者及督導者應審慎評估學生的個別差異、發展潛能及能力限制，予以適當的注意和關心，必要時應設法給予發展或補救的機會。 對不適任諮商專業工作者，應協助其重新考慮其學習及生計方向。

7.10. 教育課程	
7.10.1 課程設計	應確保課程設計得當，得以提供適當理論，並符合執照、證書或該課程所宣稱目標之要求。
7.10.2 正確描述	應提供新近且正確之課程描述，包括課程內容、進度、訓練宗旨與目標，以及相關之要求與評量標準，此等資料應爲所有有興趣者可取得，以爲修習課程之參考。
7.10.3 評估回饋	在教學與督導關係中，諮商師應根據學生及被督導者在課程要求上之實際表現進行評估，並建立適當之程序，以提供回饋或改進學習之建議予學生和被督導者。

8. 網路諮商

8.1 資格能力	實施網路諮商之諮商師，應具備諮商之專業能力以及實施網路諮商之特殊技巧與能力，除應熟悉電腦網路操作程序、網路媒體的特性、網路上特定的人際關係與文化外，並具備多元文化諮商的能力。
8.2 知後同意：	提供網路諮商時應進行適當之知後同意程序，提供當事人相關資訊。

8.2.1 一般資訊	應提供當事人有關諮商師的專業資格、收費方式、服務的方式與時間等資訊。
8.2.2 網路諮商特性	應提供有關網路諮商的特性與型態、資料保密的規定與程序，以及服務功能的限制、何種問題不適於使用網路諮商等資訊。
8.2.3 電腦網路的限制與顧慮	有關網路安全與技術的限制、網路資料保密的限制，特別應對當事人加以說明。
8.2.4 未成年當事人	若當事人為未成年人時，諮商師應考慮獲得其法定監護人的同意。
8.3 網路安全	實施網路諮商時，在網路通訊上，應採必要的措施，以利資料傳輸之安全性與避免他人之冒名頂替。如：文件的加密，使用確認彼此身分之特殊約定等。諮商師亦應在電腦網路之相關軟硬體設計與安全管理上力求對網路通與資料保存上之安全性。
8.4 避免傷害	諮商師敏察網路服務型態的限制，避免因網路傳輸資訊之不足與失真而導致在診斷、評量、技術使用與處理策略上之失誤，而造成當事人之傷害。諮商師應善盡保密之責任，但面臨當事人可能自我傷害，傷害他人或涉及兒童虐待時，諮商師應收集資訊，評估狀況，必要時應採取預警與舉發的行動。

8.5 法律與倫理管轄權	在實施網路諮商與督導時，應審閱諮商師、當事人及督導居住所在地之相關法律規定與倫理守則以避免違犯。
8.6 轉介服務	諮商師應盡可能提供當事人其居住地附近之相關諮商專業機構與諮商師之資訊與危機處理電話，以利當事人就近求助。網路諮商師應與當事人討論當諮商師不在線上時的因應方式，並考慮轉介鄰近諮商師之可能性。
8.7 普及服務	網路諮商師應力求所有當事人均能得到所需之諮商服務，除在提供電腦網路諮商服務時能在使用設計上盡量考慮不同當事人使用的方便性之外，亦應盡可能提供其他型態與管道的諮商服務，以供當事人選擇使用。

附錄四　知後同意書範例

○○ 大學諮商輔導中心　個別晤談同意書

一、 本校師生、校友尋求諮商服務，不收取任何費用。

二、 晤談每次 50 分鐘，每週以一次為原則。如有特殊情況，則另行安排。

三、 晤談需事先預約，若需變更晤談時間，請於 24 小時前通知本中心。

四、 晤談資料將全部以極機密方式處理及保管，沒有我的同意書，絕不公開，惟下列情況除外：

　　1. 有危害自己或他人生命、自由、財產及安全的情況。

　　2. 涉及法律要求事項。

五、 我有權利尋求其他輔導老師的意見，但原則上同時間只能找一位輔導老師進行晤談；只要我覺得不適合，我有權利要求終止諮商關係，但需先告知中心派案人員，以利後續處理事宜。

六、 輔導老師為能有效幫助我解決問題，有時會將我轉介給

其他更適合的輔導老師或精神科醫師；但轉介前須先徵得我的同意，同時所有晤談資料將隨之轉移。

◆ 本同意書是我在意識清楚時，且詳細閱讀後自願簽下的。

簽名：＿＿＿＿＿＿＿＿＿＿　日期：＿＿年＿＿月＿＿日

圖書館出版品預行編目資料

商和你想的不一樣：心理諮商完全攻略／王

等著..--初版--.--臺北市：五南,2014.02

面；　公分.

N 978-957-11-7085-5（平裝）

學校輔導 2.心理諮商 3.大學生

,64　　　　　　　102006480

1BWT

諮商和你想的不一樣：心理諮商完全攻略

作　　者 ─ 王釋逸(5.5) 陳怡靜　林德真　黃毓萍
　　　　　　 吳祖揚

發 行 人 ─ 楊榮川

總 編 輯 ─ 王翠華

主　　編 ─ 王俐文

責任編輯 ─ 金明芬

封面設計 ─ 劉好音

出 版 者 ─ 五南圖書出版股份有限公司

地　　址：106台北市大安區和平東路二段339號4樓

電　　話：(02)2705-5066　傳　　真：(02)2706-6100

網　　址：http://www.wunan.com.tw

電子郵件：wunan@wunan.com.tw

劃撥帳號：01068953

戶　　名：五南圖書出版股份有限公司

台中市駐區辦公室/台中市中區中山路6號

電　　話：(04)2223-0891　傳　　真：(04)2223-3549

高雄市駐區辦公室/高雄市新興區中山一路290號

電　　話：(07)2358-702　傳　　真：(07)2350-236

法律顧問　林勝安律師事務所　林勝安律師

出版日期　2014年 2 月初版一刷

定　　價　新臺幣320元